Alexander Kern

Der Fahrraddoktor

Fahrradreparaturen leicht gemacht

Bassermann

Inhalt

Mit dem Zweirad durch dick und dünn

Obwohl ein modernes Fahrrad in seiner Grundform und Funktion seinen Vorläufern von vor 100 Jahren erstaunlich ähnlich ist, hat es vor allem in den vergangenen 20 Jahren eine rasante Entwicklung erlebt. Doch während aus vielen anderen technischen Geräten schwer durchschaubare und hochkomplexe Produkte wurden, gilt in der Fahrradtechnik weiterhin die geniale Einfachheit als oberstes Gebot. Dass ein aktuelles Bike mit den Drahteseln unserer Eltern in punkto Komfort, Leichtgängigkeit und Sicherheit kaum noch vergleichbar ist, liegt also in erster Linie an der außerordentlichen Präzision und Hochwertigkeit seiner Elemente.

Die Fotos in diesem Abschnitt stellen Ihnen ein modernes Fahrrad ausführlich vor – und benennen seine Einzelteile. Das macht Sie in zweierlei Hinsicht kompetenter:

1. Sie lernen Ihr Fahrrad kennen und verstehen und der Zugang zu seinen Funktionen fällt Ihnen leichter.
2. Sie wissen beim Erwerb von Ersatzteilen, was Sie brauchen, und können zudem die Dinge klar benennen.

Reparieren ist kein Hexenwerk

Wochenend' und Sonnenschein – doch das Fahrrad bleibt daheim. Eine ärgerliche Vorstellung, wenn das Wetter ideal ist, Sie Lust auf eine herrliche Radtour haben, ihr zweirädriger Freund jedoch mit einem Defekt in der Ecke steht. Einmal unterwegs, kann Sie der Pannenteufel aber auch an jedem anderen Tag ereilen. Dann war gutes Rad teuer – und ist guter Rat Gold wert.

Den guten Rat finden Sie in diesem Buch. Wie schon die Überschrift sagt: Ein Fahrrad reparieren ist keine Hexerei – wenn man und frau wissen, wie es funktioniert.
Auf den folgenden Seiten zeige ich Ihnen zunächst, wie Sie Ihr Fahrrad auf Ihre Körpermaße richtig einstellen. Das beginnt schon beim Erwerb des passenden Rahmens und gilt vor allem für die Höhe des Sattels und die richtige Position des Lenkers.

Danach bringe ich Ihnen mithilfe von fünf „Projekten" aus der Praxis die Fahrradreparatur näher. Aus der Reihenfolge „Einen Schlauch flicken", „Die Schaltung einstellen" „Bremsen reparieren" „Die Lichtanlage instand setzen" und „Ein Rad zentrieren" können Sie frei nach Ihrem Bedarf den Abschnitt wählen, der zu Ihren aktuellen Interessen passt. Der Vorteil: Jedes Projekt ist in sich abgeschlossen und Sie müssen nicht das ganze Buch von vorn bis hinten lesen, wenn Sie nicht wollen.

Rücklicht
Gepäckträger
Luftpumpe
Sattel
V-Brake
Sattelstütze
Oberrohr
Sitzrohr
Unterrohr
Sitzstreben
Schalthebel
Bremsgriff
Bowdenzüge
Vorbau
Lampe
Schutzblech
V-Brake
Ventil
Kettenschutz
Kettenblätter
Kurbel
Pedal
Kette
Kettenstreben
Zahnkranz
Schaltwerk
Schaltungsrädchen
Speichennippel
Felge
Reifen
Speiche
Nabe

Gutes Werkzeug ist wichtig

In jedem Projekt finden Sie zu Beginn eine Liste, welches Werkzeug Sie zum Gelingen brauchen. Weil Werkzeug aber nicht gleich Werkzeug ist, hier ein paar Anmerkungen. Passend zum hochwertigen Fahrrad sollten Sie bei der Auswahl Ihres Werkzeugs vorgehen. „Klasse statt Masse“, lautet hier das Schlagwort. Neben dem Fachhandel führen mittlerweile auch viele Baumärkte gute Qualität zu angemessenem Preis. Widerstehen Sie aber auf alle Fälle der Verlockung von Wühltischangeboten. Wer schon einmal mit einem abgebrochenen Schraubendreher abgerutscht ist oder sich die Hände an abgeplatzten Schlüsseloberflächen zerschnitten hat, weiß ein Lied davon zu singen.

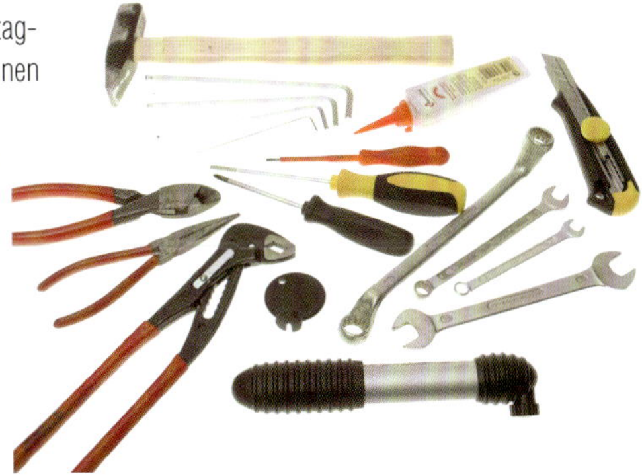

Noch ein Argument: Fachleute, die tagtäglich mit Werkzeug umgehen, können aufgrund ihrer Erfahrung deren Qualität, Stabilität und die richtigen Einsatzgebiete gut abschätzen. Gelegenheitsschrauber/-innen sind dagegen umso mehr auf exakte Passform zur optimalen Kraftübertragung und auf gute Haltbarkeit des Werkzeugs angewiesen. Und weil die meisten Werkzeuge, die Sie fürs Fahrrad brauchen, ohne weiteres auch im Haushalt oder am Auto einsetzbar sind, lohnt sich die Anschaffung einer kleinen, aber hochwertigen Ausstattung ganz besonders.

MultiTrack

Das Fahrrad einstellen

Zu enge Schuhe sind unbequem und tun mitunter sogar richtig weh. Mit einem falsch eingestellten Fahrrad ergeht es Ihnen kaum anders. Dabei ist es recht einfach, sich den fahrbaren Untersatz so einzurichten, dass alles zu Ihren individuellen Körpermaßen passt, die Kraft optimal auf das Rad übertragen wird und Sie auf diese Weise in den vollen Genuss des scheinbar mühelosen Dahinrollens kommen. Hierfür ist neben dem Justieren der wichtigsten Stellschrauben an Sattel und Lenker schon im Vorhinein die richtige Größe des Rahmens von außerordentlicher Bedeutung.

Rahmen, Sattel, Lenker

Auch mit dem Fahrrad gilt: Wenn die Grundlagen stimmen, fällt alles leichter. Achten Sie deshalb bei einem Kauf darauf, egal, ob sie es neu oder gebraucht erwerben, dass der Rahmen zu Ihrer Körpergröße passt. Denn ihn können Sie nicht mehr verstellen.
An Sattel und Lenker dagegen finden Sie genug Möglichkeiten, Ihre Lieblingsposition einzurichten, sodass sowohl Freizeit- als auch Fitnessfahrer/-innen voll auf ihre Kosten kommen.

Werkzeuge in Reihenfolge:

13-mm-Ring- oder -Gabelschlüssel
6-mm-Inbus-Schlüssel
13-mm-Gabelschlüssel
Lagerfett oder Sprühfett
5-mm-Inbus-Schlüssel

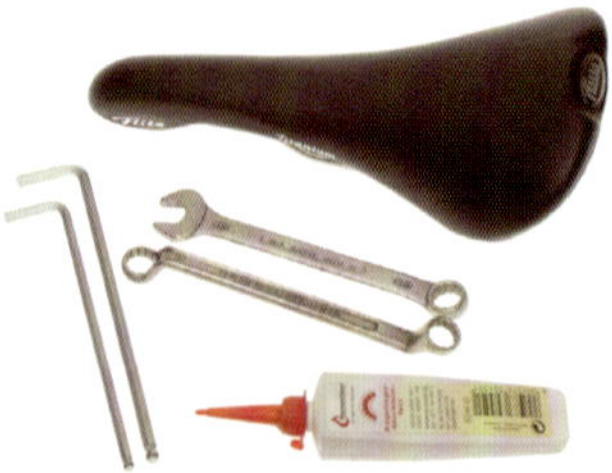

Den passenden Rahmen auswählen

An die Körpermaße verschiedener Menschen angepasst, gibt es für Fahrräder unterschiedliche Rahmen. Als Bezugsgröße ist in der Regel die Rahmenhöhe angegeben, und zwar gemessen ab der Mitte des Tretlagers bis zur Oberkante des Sitzrohres, in dem der Sattel steckt. Die angebotenen Rahmenhöhen liegen meist in einer Spanne von 45 bis 65 cm. Mit der Höhe des Rahmens verändert sich übrigens auch dessen Länge; das sei hier aber nur am Rande bemerkt.
So finden Sie die für Sie individuell richtige Rahmenhöhe:

- Für Räder mit Oberrohr gilt: Der Rahmen passt, wenn – darüber stehend – zwischen Oberrohr und Schritt zwei Finger bis eine Handbreit Platz sind.
- Bei einem Damenrad ohne Oberrohr benutzen Sie eine gedachte Linie vom Lenkrohr zur Sitzrohroberkante als Bezugsgröße. Auch hier sollten zwei Finger bis eine Handbreit Platz bis zum Schritt sein.

Den Sitz richtig einstellen

Die zu Ihren Körpermaßen passende Feineinstellung ist dann gelungen, wenn, auf dem Sattel sitzend, Ihr Fußballen auf dem im unteren Totpunkt befindlichen Pedal ruht – wenn Sie Ihr Knie strecken, muss die Fußspitze etwas nach oben zeigen. Gegenprobe: Stellen Sie sich, ausbalanciert auf dem Sattel sitzend, mit der Ferse auf das Pedal. Ihr Knie ist nun fast gestreckt, das Pedal verhindert jedoch eine komplette Streckung.

Den Sattel vertikal verstellen

Öffnen Sie die Klemmung am Sattelrohr. Verwenden Sie dafür entweder den eingebauten Schnellspanner oder lösen Sie die Klemmschraube mit einem 13-mm-Ring- oder -Gabelschlüssel oder einem 6-mm-Inbus-Schlüssel. Nun können Sie die Sattelstütze im Sattelrohr verschieben.
Stellen Sie anschließend die Sattelhöhe so ein, dass Sie Ihre zuvor ermittelte optimale Sitzhöhe einnehmen können.
Achtung: Eine Sattelstütze muss immer mindestens 6 cm tief im Sattelrohr stecken! Um diesen Abstand auf alle Fälle einhalten zu können, sind Sattelstützen durch eine Einkerbung markiert. Wenn diese Markierung sichtbar wird, dürfen Sie den Sattel auf keinen Fall weiter herausziehen. Für eine größere Sitzhöhe ist dann in jedem Fall eine längere Sattelstütze erforderlich.

Die Sattelneigung verstellen

Es gibt zwei Befestigungssysteme, die den Sattel auf der Sattelstütze halten:

1. Den Sattelkloben: Seine Befestigung lösen Sie, indem Sie die links und rechts vom Bolzen befindlichen Muttern mit einem 13-mm-Gabelschlüssel einige Umdrehungen aufdrehen ①. Nun können Sie den Sattel sowohl in seiner Neigung verändern, als auch ihn nach vorne oder nach hinten schieben.
2. Die Patentsattelstütze: Ihre Befestigung lösen Sie mit einem 6-mm-Inbus-Schlüssel. Danach können Sie den Sattel genauso neigen und nach vorne und nach hinten verschieben ②.

Um einen Sattel von der Sattelstütze abzunehmen, lösen Sie die Befestigungsschrauben noch weiter, bis Sie den Sattel aus der Klemmung heben können.

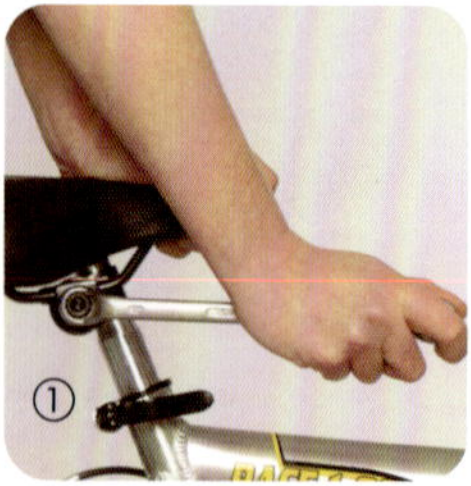

Info

Satteleinstellung

Einen Sattel weit nach vorne zu schieben, ist eher etwas für sportive Fahrer, die mit flach liegendem Oberkörper ein wenig nach hinten treten.

Wer gerne aufrecht sitzt und nach unten, gelegentlich sogar nach vorne pedaliert, für den ist eine Sattelverschiebung nach hinten eher geeignet. Der Sattel steht grundsätzlich waagerecht. Ihn nach unten oder nach oben zu neigen, kann das Ergebnis besonderer Vorlieben sein.

Eine Sattelstütze wechseln

Um eine Sattelstütze richtig zu ersetzen, sollten Sie deren genauen Durchmesser wissen. Sie werden in Abstufungen im 0,2-mm-Bereich angeboten – Grund genug also, vorher exakt zu messen. Die womöglich beste Lösung für diesen Fall ist, zumindest die alte Sattelstütze, besser noch das Fahrrad, zum Kauf einer neuen als Muster mitzunehmen.

Tipp

Bestreichen Sie eine Sattelstütze vor dem Einsetzen in den Rahmen außen mit etwas Fett, um späterem Verklemmen oder gar Festfressen vorzubeugen.

Lenker und Vorbau passend einstellen

Sitzen Sie gerne aufrecht? Dann brauchen Sie einen sehr hoch eingestellten Lenker; das heißt, der Lenker ist höher als der Sattel ①. Diese Körperposition zehrt allerdings durch den erhöhten Luftwiderstand sehr an den Kräften. Außerdem ist es so kaum möglich, auf dynamisches Fahren im Stand umzuschalten, da Sie zwar sitzen, aber eigentlich schon treten, als würden Sie im Stand fahren.

Eine Sitzposition, die ein gleichwinkliges Dreieck aus Oberkörper, Armen und einer gedachten Horizontalen ergibt ②, ist die gebräuchlichste Variante. Sie bietet einen optimalen Kompromiss aus Komfort und minimiertem Luftwiderstand. Das Ergebnis dieser Einstellung: Lenker und Sattel sind gleich hoch.

Sportliche Fahrer/-innen positionieren den Lenker unterhalb der Sattelhöhe. Das hat einen noch flacher gehaltenen Oberkörper zur Folge mit noch weiter verringertem Luftwiderstand.

①

②

Die Lenkerhöhe variieren und justieren

Um die Lenkerhöhe zu fixieren, führt eine Schraube von oben mittig in den Vorbau hinein. Diese Schraube lösen Sie entweder mit einem 6-mm-Inbus oder einem 13-mm-Ring- oder -Gabelschlüssel um etwa drei bis vier Umdrehungen. Dann schlagen Sie mit einem Hammer möglichst nur einmal leicht auf den hervorstehenden Schraubenkopf, woraufhin der in den Vorbau hinunterfällt. Durch den Schlag löst sich der im Gabelschaft befindliche Klemmkeil. Danach können Sie den Vorbau sowohl drehen als auch hineinschieben oder herausziehen.

Tipp

Geben Sie bei dieser Gelegenheit ein bisschen Lager- oder Sprühfett auf das Rohr des Vorbaus und achten Sie außerdem darauf, ihn nicht über die 6-cm-Markierung herausziehen.

Zum Fixieren der gefundenen persönlich besten Einstellung ziehen Sie die Schraube wieder fest an.
Wenn der Vorbau Ihres Fahrrades keine große Schraube zum Herausdrehen hat, sondern nur eine kleine, Sie aber stattdessen an der dem Sattel zugewandten Vorbauseite diverse Klemmschrauben vorfinden, dann handelt es sich um einen Ahead-Vorbau ①. Er wird oft bei sportlich ausgelegten Zweirädern eingebaut. Ein solcher Vorbau kann in seiner Höhe nicht verstellt, sondern müsste dazu ausgetauscht werden.
In vielen neueren Fahrrädern gibt es einen verstellbaren Vorbau, bei dem das vertikale mit dem nach vorne gerichteten Teil variabel verbunden ist. Zum Justieren lösen Sie eine von der Seite oder von unten zugängliche 5- oder 6-mm-Inbusschraube. Dann können Sie die Neigung verändern und anschließend die Schraube wieder festziehen ②. Außerdem haben Sie die Möglichkeit, die Neigung des Lenkers zu variieren. An der Verbindungsstelle Lenker – Vorbau finden Sie eine, seltener auch zwei Klemmschrauben, nach deren Lösen Sie den Lenker beliebig neigen können.
Wenn die Verstellmöglichkeiten nicht ausreichen, kommen Sie um einen neuen Vorbau nicht herum. Sie sind in verschiedenen Höhen, Längen und Neigungen handelsüblich. Darüber hinaus gibt es drei verschiedene Durchmesser: das Standardmaß ist 1 Zoll, weiterhin die so genannten Oversized in 1 1/4 und 1 1/2 Zoll. Wenn Sie einen längeren Vorbau einsetzen, bedenken Sie aber unbedingt, dass dann der Lenker höher ist und die Schalt- und Bremszüge womöglich nicht mehr ausreichen.

①

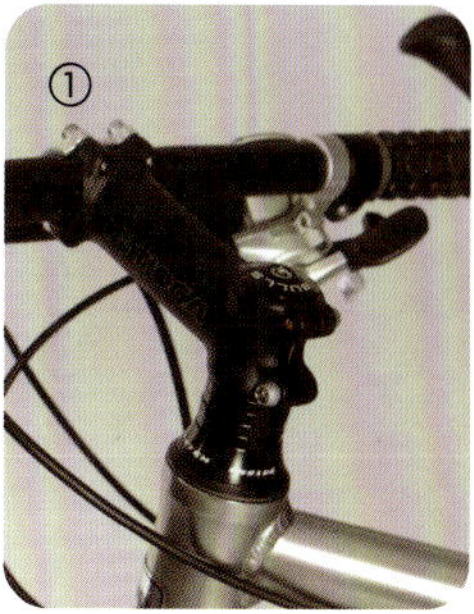

②

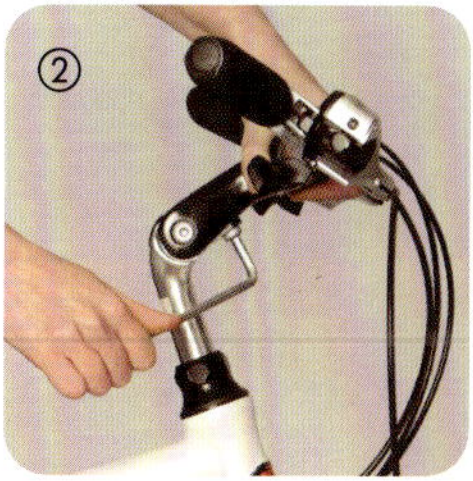

Tipp

Ziehen Sie die Schrauben, die die Schalt- und Bremshebel halten, nur so fest an, dass Sie die Hebel noch mit großem Kraftaufwand auf dem Lenker verdrehen können. Grund: Wenn das Fahrrad auf den Boden fällt, bricht der Hebel nicht gleich ab, sondern klappt nur ein wenig weg.

Einen Lenker austauschen

Bevor Sie sich vornehmen, einen neuen Lenker zu installieren, sollten Sie prüfen, ob Sie für das neue Modell auch längere Brems- und Schaltzüge brauchen. Falls ja, kaufen Sie die neuen Züge gleich mit.

Und so funktioniert's: Nehmen Sie die Griffe ab. Dazu öffnen Sie mit einem Schraubendreher zwischen Lenker und Griff einen Spalt und lassen gegebenenfalls etwas Wasser einströmen ①. Dann ziehen Sie die Griffe von den Lenkerenden ab. Schalt- und Bremsgriffe haben im Normalfall eine Klemmschraube, die von unten sichtbar ist und üblicherweise mit einem 5-mm-Inbus-Schlüssel bedient wird. Wenn Sie die Hebel nicht über das Lenkerende abziehen können, weil die Züge zu kurz sind, dann haben Sie zwei Möglichkeiten:

1. Schlagen Sie den Lenker in eine Richtung ein und gewinnen Sie auf diese Weise mehr Raum ②.

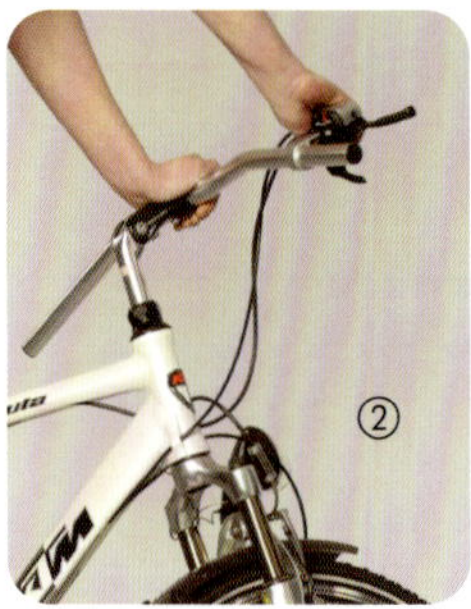

2. Lösen Sie die Lenkerbefestigungsschraube, wodurch sich der Lenker im Vorbau so weit nach links oder rechts bewegen lässt, dass Sie die Hebel entfernen können.

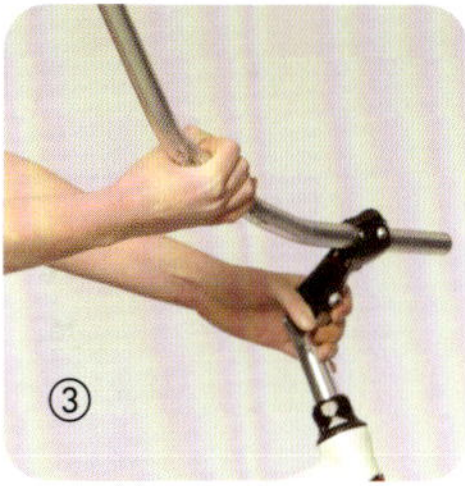

Nun nehmen Sie den alten Lenker ab, indem Sie ihn aus dem Vorbau herausziehen, und fädeln den neuen ein ③. Alle anderen Schritte laufen anschließend wieder rückwärts ab.

Zuletzt kontrollieren Sie auf jeden Fall noch einmal, dass die Züge nicht die Lenkbewegungen einschränken, und schieben die Griffe auf die Lenkerenden. Dafür gibt es übrigens ein tolles Hilfsmittel: Haarspray! Es führt dazu, dass, nach dem Hineinsprühen in den Lenkergriff ④, dieser leicht auf das Lenkerende aufgeschoben werden kann, aber nach dem Austrocknen bombenfest sitzt.

Einen Schlauch flicken

Dieses Malheur kommt beim Radeln am häufigsten vor: Der Reifen ist platt. Der Schlauch muss geflickt oder erneuert werden – klar.
Das alleine wäre womöglich gar kein so großes Problem. Aber: Wie an das Leck herankommen, wie es überhaupt finden?
Sie werden gleich sehen: Ein kleines Loch, durch das langsam, aber stetig Luft entweicht, bietet die optimale Gelegenheit, sich mit einem großen Teil des fahrbaren Untersatzes und seinen Details anzufreunden. So lernen Sie Ihren Drahtesel besser kennen und werden Schritt für Schritt zum kompetenten Reparateur.

Das Rad ausbauen

Zunächst muss das Rad ausgebaut werden. Ist es das Vorder- oder das Hinterrad? Die Antwort auf diese Frage steht bereits fest. Sie spielt aber für den weiteren Verlauf des Aus- und späteren Wiedereinbaus eine nicht unerhebliche Rolle. Gehen wir aber Schritt für Schritt vor.

Werkzeuge in Reihenfolge:

Ring- oder Gabelschlüssel 8 und 10 mm
Innensechskantschlüssel (Inbus 5 mm) oder Ring-/-Gabelschlüssel (10 mm)
Kleiner Schraubendreher
Kombi-Zange
14- oder 15-mm-Ringschlüssel
Reifenheber
Flickzeug
Luftpumpe

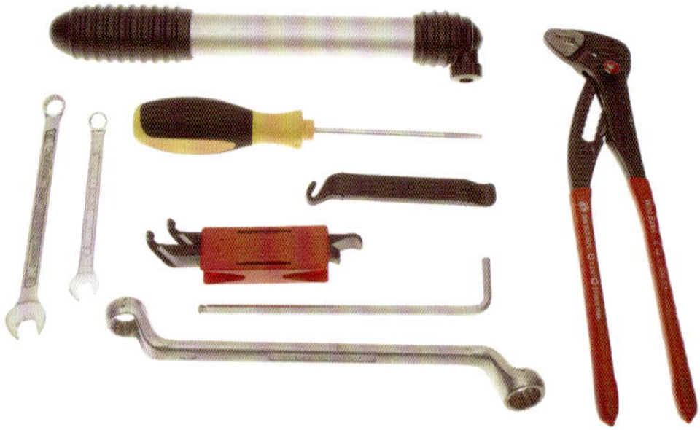

Die Bremse öffnen

Um das Rad in einem ersten Schritt freizubekommen und später herauslösen zu können, öffnen Sie die Bremse. Dazu ist es notwendig, den verwendeten Bremstyp zu erkennen. Es gibt:

- Cantilever-Bremsen in der klassischen Form oder als V-Brake
- klassische Bügelbremsen mit Seitenzug oder Mittelzug
- Scheibenbremsen
- Trommelbremsen
- hydraulisch betätigte Felgenbremsen

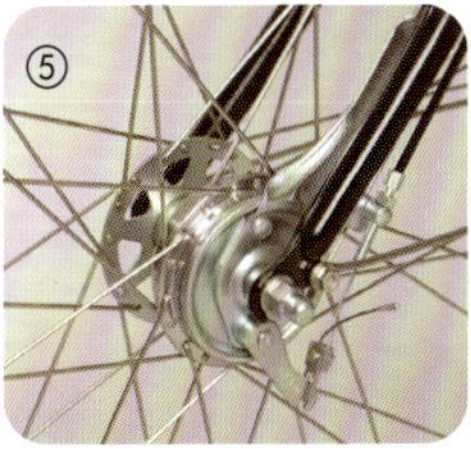

Die Bremstypen und ihre Öffnungsmechanismen

① Cantilever-Bremse
② V-Brake
③ klassische Bügelbremse
④ Scheibenbremse
⑤ Trommelbremse
⑥ hydraulisch betätigte Felgenbremse

Bei der klassischen Cantilever-Bremse ist der Bremszug an einem Bremshebel fest verschraubt und kann an dem anderen ohne Werkzeug ausgehängt werden.

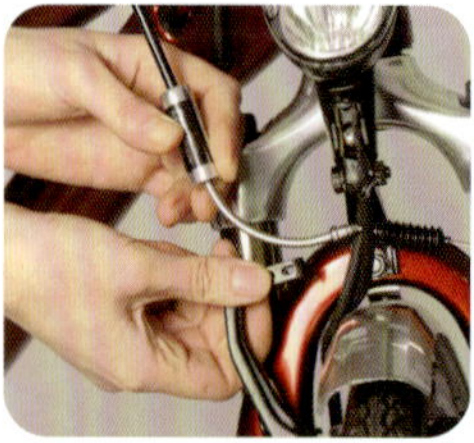

V-Brake: Hängen Sie das untere Ende des Bogenröhrchens aus der Blechklammer aus. Das ist ohne Werkzeug möglich.

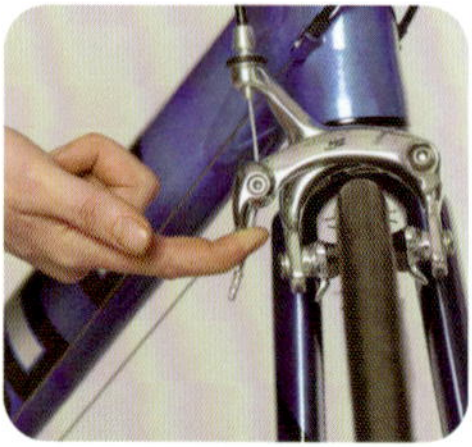

Klappen Sie bei einer hochwertigeren Bügelbremse zum Öffnen am Befestigungspunkt des Zuges einen Spannhebel auf. Einfachere Bauarten verlangen, entweder den Bremsgummi vom Bremshebel mithilfe eines 10-mm-Ring- oder Gabelschlüssels abzuschrauben (und ihn später wieder einzubauen und einzustellen) oder Sie versuchen das Rad ohne Abschrauben der Bremsklötze herauszulösen.

Hängen Sie den Bremszug einer Trommelbremse am radseitigen Bremshebel aus der Blechlasche aus.

Sollte der Bremsanker zusätzlich mit einer Schelle befestigt sein, öffnen Sie sie mithilfe eines Schraubenschlüssels 8 oder 10 mm.

Info

Nabendynamo

Ist im Vorderrad ein Nabendynamo eingebaut? Dann ziehen Sie das Kabel heraus, nachdem Sie zuvor mit einem kleinen Schraubendreher die Kabeldurchführungkappe vom Dynamo abgehoben haben.

Hydraulikbremsen: An den meisten Bremsen dieser Bauart können Sie einen Spannhebel aufklappen ①, meist nach unten, wonach sich der gesamte Kolben vom Rahmen oder von der Gabel wegziehen lässt ②. Ist kein Spannhebel vorhanden, nehmen Sie eine Bremshälfte vom Rahmen ab, indem Sie dessen Befestigungsschraube mithilfe eines Innensechskantschlüssels (Inbus 5 mm) oder Ring-/Gabelschlüssels (10 mm) lösen.

Scheibenbremse: Hier sind keine besonderen Maßnahmen zum Lösen der Bremse notwendig. Worauf Sie aber achten sollten: Betätigen Sie bei ausgebautem Rad auf keinen Fall die Bremsen, weil sonst die Bremsbeläge oder der Bremskolben herausfallen können.

Den an der linken Rahmenstrebe mithilfe einer Schelle befestigten Bremsanker einer Hinterrad-Rücktrittbremse lösen Sie – analog zur Trommelbremse – durch Ausschrauben.

Die Schaltung lösen

Das Herauslösen des Rades aus der Schaltung ist eine Aufgabe, die Sie nur im Falle eines Hinterraddefektes gestellt bekommen. Im Gegensatz zu den Bremstypen ist hier die Auswahl etwas übersichtlicher.

Es gibt:

- Nabenschaltungen
- Kettenschaltungen

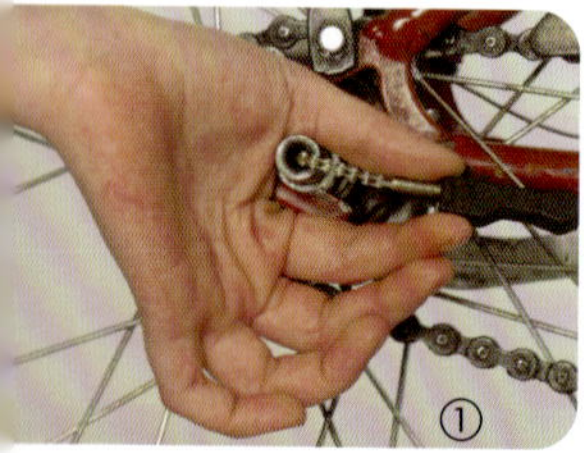

Wie die Schaltungstypen zum Ausbau vorbereitet werden

Zum Ausbau einer Nabenschaltung mit seitlich in die Achse eingeführten Schaltkettchen legen Sie in der Regel den größten Gang ein, außer bei einer Fünfgangschaltung, hier ist der vierte Gang ideal. Bei moderneren Ausführungen können Sie das Schaltungskettchen vom Schaltungszug durch einen einfachen Fingerdruck auf die Klemmhülse lösen ①. Ältere Versionen verlangen das Aufdrehen einer kleinen Kontermutter – am besten mit einer Kombi-Zange –, wonach Sie die Verbindungshülse mit der Hand abschrauben können.
Bei Siebengang-Nabenschaltungen japanischer Bauart legen Sie den ersten Gang ein. Ziehen Sie nun den Schaltzug aus der vor dem Ritzel befindlichen Halterung in Fahrtrichtung und fädeln Sie ihn durch den Schlitz aus ②. Jetzt können Sie den Innenzug in Fahrtrichtung nach hinten aus der Nabe herausheben.
Eine Kettenschaltung stellen Sie so ein, dass die Kette vorne und hinten auf den jeweils kleinsten Ritzeln ist. Dazu müssen Sie die Kette über die Pedale bewegen – also zum Schalten „treten“. Anders gesagt: Stellen Sie die Schaltung vorne auf den „leichtesten“ und hinten auf den „schwersten“ Gang ein.

Das Rad vom Rahmen trennen

Nach dem Öffnen der Bremsen und dem passenden Vorbereiten des jeweiligen Schaltungstyps steht dem Ausbau des Rades als nächstem Schritt nichts mehr im Wege. Zunächst muss aber dessen Befestigung an der Gabel oder am Rahmen gelöst werden. Davon gibt es zwei Arten:

- Schnellspanner
- Muttern

Verschiedene Befestigungen lösen

Klappen Sie den Schnellspannhebel ① ganz auf. Falls Sie das Vorderrad ausbauen und es nach dem Öffnen des Hebels – in aufrechter Position – noch nicht aus dem Gabelende herausfällt, schrauben Sie die Radmutter auf der anderen Seite um einige Umdrehungen auf. Wenn Sie ein Hinterrad mit Kettenschaltung ausbauen, ziehen Sie mit der linken Hand das Schaltwerk nach hinten, heben auf diese Weise die Kette vom Ritzel und nehmen mit der rechten Hand das Laufrad heraus ②.

Zum Ausbau eines Vorder- oder Hinterrads mit Muttern verwenden Sie in der Regel einen 15-mm-Ringschlüssel, in selteneren Fällen einen 14er, und öffnen jede Seite abwechselnd eine Achtel Umdrehung, bis jede der Muttern so leichtgängig ist, dass Sie sie ohne Kraft von Hand aufdrehen können.

Nach dem Öffnen der Muttern sollte ein Vorderrad aus der Gabel fallen oder Sie können es, wenn Ihr Fahrrad auf dem Kopf steht, mühelos herausheben.
Ein Hinterrad mit Kettenschaltung bauen Sie aus wie eines mit Schnellspanner.
Wenn Ihr Hinterrad mit einer Nabenschaltung ausgerüstet ist oder aber keine Schaltung hat, schieben Sie das Rad nach vorne unten oder Sie ziehen es nach hinten oben aus dem Rahmen heraus. Die Kette wird so vom Ritzel gelöst.

Das Holland-Rad und andere Problemfälle

Wer ein klassisches Holland-Rad mit textilbespanntem Kettenschutz sein Eigen nennt, steht mit einem Platten am Hinterrad vor einem echten Problem, denn der Aus- und Einbau dieses Kettenschutzes erfordert neben viel Geschick eine Menge Geduld und ist sogar für Experten nicht leicht. Die einfachste Lösung ist deshalb eine Notoperation bei eingebautem Hinterrad.
Und das geht so: Stellen Sie das Rad auf Sattel und Lenker und verfahren Sie wie auf den Seiten 27 bis 34 beschrieben. Einziger, aber wesentlicher Unterschied: Reifen und Schlauch bleiben während der ganzen Prozedur zwischen Rahmen und Rad.

Den Reifen von der Felge nehmen

Sie haben es geschafft: Das Rad ist frei. Nun muss der Reifen von der Felge, damit Sie an den Schlauch herankommen. Das geschieht idealerweise in drei Schritten.

1. Das Vorbereiten der Ventile

Schrauben Sie zunächst das Ventilkäppchen ab. Wie es nun weitergeht, hängt vom Ventiltyp ab, von denen es drei verschiedene gibt:

- Dunlop-Ventil (auf dem Foto das untere)
- Sclaverand-Ventil (französisches Ventil, auf Foto rechts)
- Schrader-Ventil (Auto-Ventil, auf Foto links).

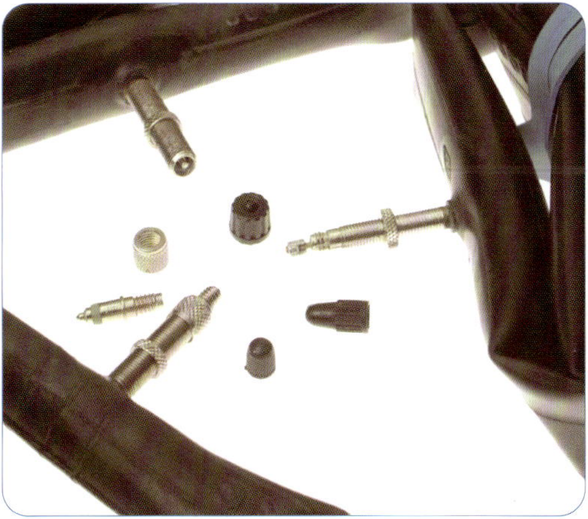

Hat Ihr Schlauch ein Dunlop-Ventil, schrauben Sie die Überwurfmutter ab und ziehen das Ventil heraus. So entweicht eventuelle Restluft.

Beim Sclaverand-Ventil ① drehen Sie die kleine Sicherungsmutter auf und lassen mögliche Restluft heraus, indem Sie auf die Ventilspitze drücken.

Drücken Sie beim Schrader-Ventil so lange auf den Stift in der Ventilmitte, bis keine Luft mehr entweicht.

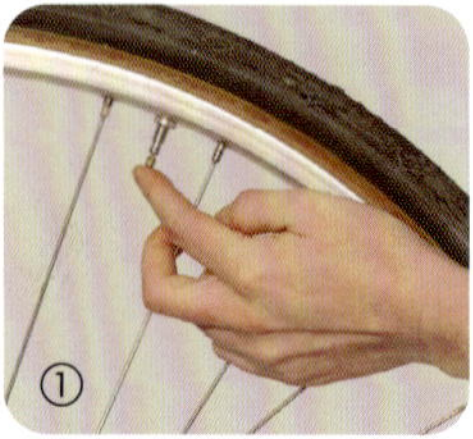

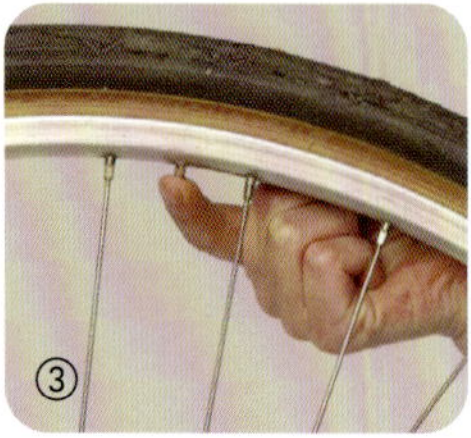

Für alle Ventiltypen gilt: Schrauben Sie, sofern vorhanden, die Kontermutter ②, die das Ventil an der Felge fixiert, komplett ab. Anschließend drücken Sie das Ventil einmal tief ein, falls es verklebt oder verklemmt sein sollte ③.

2. Das Vorbereiten des Reifens

Lösen Sie den Reifen auf beiden Seiten rundum von der Felgenflanke, indem Sie ihn zur Felgenmitte drücken.

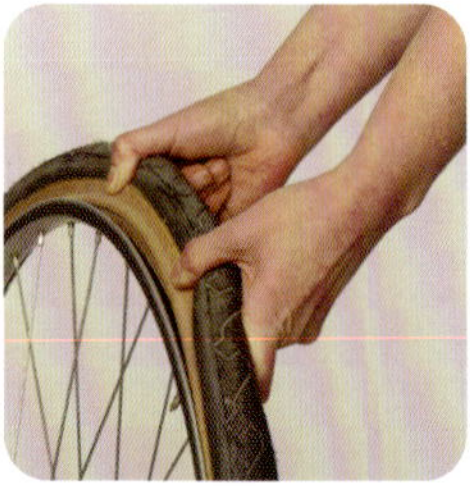

Tipp

Ein wenig Spülmittel auf den den Reifen gestrichen, lässt ihn leichter über die Felge gleiten.

3. Den Reifen über die Felgenflanke bewegen

Sofern es irgendwie möglich ist, sollten Sie den Reifen ohne Werkzeug von der Felge nehmen. Dazu beginnen Sie – das Ventil steht auf 3 oder 9 Uhr – im 90-Grad-Winkel vom Ventil entfernt, packen die gesamte Decke oben mit einer Hand ①, drücken sie über das Felgenbett in Richtung der Felgenflanke und halten sie dort fest. Nun starten Sie mit der anderen Hand 90 Grad von Ihrem Griff entfernt und arbeiten sich auf die Gegenseite mit im Grunde derselben Bewegung Handbreit für Handbreit vor, und zwar mit dem Ziel, die Reifenflanke rundum so weit ins Felgenbett hineinzubefördern ②, dass Sie oben genug Raum gewinnen, um an einer Stelle beide Reifenflanken über die Felgenflanke zu schieben. Sobald sich oben eine Lücke auftut ③, vergrößern Sie sie mit der rechten Hand in zahlreichen kleinen Schritten immer weiter ④, bis der Reifen komplett von der Felge springt ⑤.

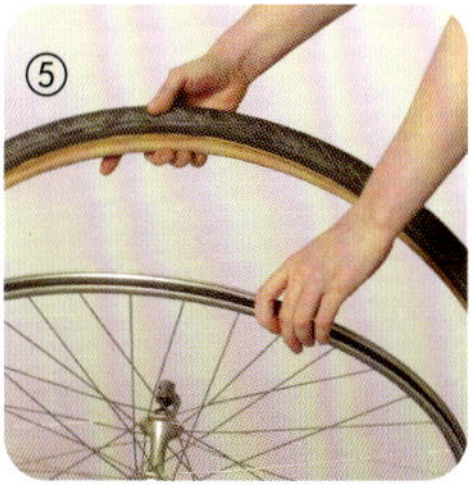

Info

Tiefbett

In der Felgenmitte befindet sich das Tiefbett. Dort ist der Felgendurchmesser geringer. Wenn Sie seine Flanken ins Tiefbett drücken, gewinnen Sie mehr Raum, um den Reifen an einer Stelle seines Umfangs über die Felgenflanke heben zu können.

Die Alternative: Nur im größten Notfall – und wenn Sie denken, der Notfall sei schon eingetreten, probieren Sie zuerst noch einmal die schonende Methode – arbeiten Sie mit so genannten Reifenhebern. Gefahr: Der Schlauch kann noch mehr beschädigt werden. Zum Gelingen sind mindestens drei erforderlich. Den ersten Heber schieben Sie oberhalb einer Speiche zwischen Felge und eine Reifenflanke ⑥. Vorsicht: Klemmen Sie den Schlauch nicht ein! Dann klappen Sie den Heber über die Felge nach unten und haken ihn in der Speiche ein. Mit dem zweiten Reifenheber praktizieren Sie drei Speichen weiter dasselbe. Der dritte Heber kommt weitere drei Speichen entfernt zum Einsatz ⑦ – und dann können Sie eine Reifenflanke mit dem Finger oder einem weiteren Heber rundum von der Felge ziehen und danach die zweite problemlos darüber heben.

Die undichte Stelle finden

Ziehen Sie das Ventil durch das Felgenloch und nehmen Sie den Schlauch aus dem Reifen heraus.
Stecken Sie ein Dunlop-Ventil in das Ventilrohr hinein und schrauben Sie es mit der Überwurfmutter fest.
Sclaverand-Ventile und Schrader-Ventile sind bereit.
Pumpen Sie den Schlauch mit einer passenden Luftpumpe kräftig auf. Ziehen Sie ihn zum Feststellen des Loches möglichst nahe am Gesicht durch die Hand und konzentrieren Sie

sich darauf, die ausströmende Luft zu spüren. Geben Sie nach der „Identifizierung" zur Sicherheit etwas Spucke auf das vermutete Leck und überprüfen Sie auf diese Weise Ihr Er-gebnis. Alternative: Führen Sie den aufgepumpten Reifen durch einen Eimer oder Bottich mit Wasser – das kann unterwegs auch der Dorfbrunnen sein.

Falls der Schlauch einen größeren Riss hat oder sich die undichte Stelle unmittelbar neben dem Ventil befindet, müssen Sie den Schlauch erneuern.

Das Loch abdichten

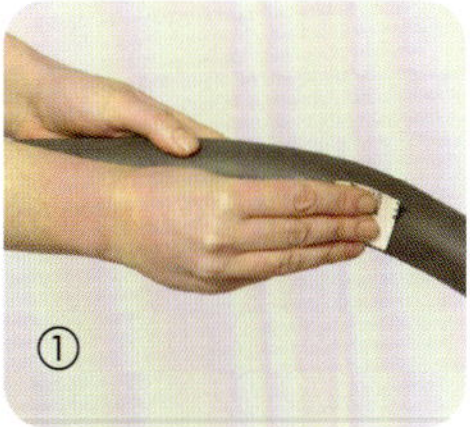

①

Rauen Sie um das Loch herum mit dem beiliegenden Schleifpapier ① eine mindestens flickengroße Fläche auf. Verteilen Sie Gummilösung auf der Fläche und verreiben Sie sie mit dem Finger. So können Sie feststellen, ob Sie das Loch in der Mitte des geplanten Flickens platziert haben. Lassen Sie die Gummilösung antrocknen – das dauert etwa 5 Minuten.

Tipp

Während die Gummilösung trocknet, haben Sie Gelegenheit, den Reifen auf Schäden zu untersuchen, um die mögliche Ursache des Defekts feststellen zu können. Dazu fahren Sie mit der Hand rundum durch die Innenseiten des Reifens und nehmen gleichzeitig von außen eine Sichtkontrolle vor. Ein Blick auf die Felge und das Felgenband runden den Kontrollgang ab.

Drücken Sie nun den Flicken auf die vorbereitete Stelle und streichen Sie ihn von der Mitte zu den Rändern hin aus. Lassen Sie die Schutzfolie getrost auf dem Flicken, damit die Stelle nicht am Reifen festklebt.
Nun pumpen Sie den Schlauch kräftig auf und kontrollieren ihn ein weiteres Mal auf eine undichte Stelle hin. Prüfen Sie rund um den Flicken mit der Spuckemethode, ob Ihr Werk gelungen ist.

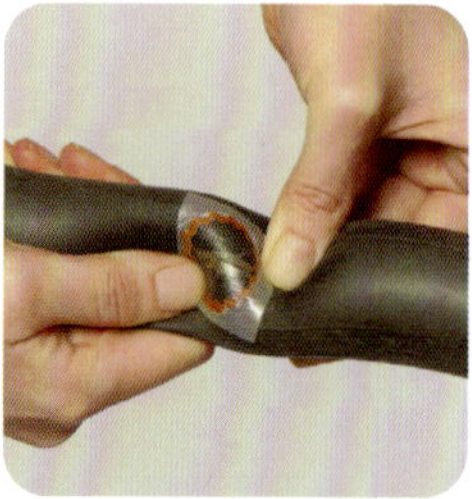

Das Rad wieder einbauen

Wie Sie ein Rad wieder einbauen, ist durchaus von Bedeutung. Mit einem Hinterrad gibt es in der Regel keine Orientierungsprobleme, denn das Kettenritzel gibt die Richtung vor.
Bei einem Vorderrad kommt es darauf an,

- ob ein Tachomagnet in einer Speiche montiert ist,
- den Anschluss eines eventuell eingebauten Nabendynamos zu berücksichtigen,
- ob die Position des Schnellspanners festgelegt sein soll.

Schlauch und Reifen montieren

Das Loch ist abgedichtet. Um Ihr Fahrrad wieder fahrtüchtig zu machen, läuft der Prozess des Ausbaus sozusagen rückwärts wieder ab. Nun gilt es, die Schritte – es sind insgesamt zwölf – in der richtigen Reihenfolge zu tun und dabei wichtige Aspekte zu beachten.

Info

Laufrichtung des Reifens
So genannte laufrichtungsgebundene Reifen sollten richtig montiert werden. Dazu ist auf der Flanke des Reifens ein Pfeil sichtbar, der angibt, in welcher Richtung die Decke auf die Felge gezogen werden muss.

① Ziehen Sie den Reifen mit einer Flanke auf die Felge.
② Heben Sie die überstehende Reifenflanke so weit an, dass Sie das Ventil durch das Felgenloch stecken können.
③ Schrauben Sie nach dem Durchstecken des Ventils die Kontermutter von Hand auf, ziehen Sie sie aber auf keinen Fall fest.
④ Wenn Ihr Schlauch ein Dunlop-Ventil hat, setzen Sie es ein und schrauben Sie es mit der Überwurfmutter fest.
⑤ Pumpen Sie nun den Schlauch nur so weit auf, dass er faltenfrei seine Form annimmt.
⑥ Fügen Sie den Schlauch in die Decke ein.
⑦ Schieben Sie nun, vom Ventil aus anfangend, die zweite Deckenflanke über die Felgenflanke ⑦ a. Drücken Sie das letzte Stück in kleinen Schritten mit dem Daumen hinüber ⑦ b. Falls das noch nicht funktioniert, kneten Sie, wie schon beim Ausbau beschrieben, an der gegenüberliegenden Radseite die Reifenflanke ins Felgenbett, um so mehr Raum zu schaffen.
⑧ Prüfen Sie, ob das Ventil senkrecht aus der Felge heraussteht und korrigieren Sie gegebenenfalls durch Verschieben des Reifens zur Felge.
⑨ Danach pumpen Sie weiter auf – aber nur so weit, dass Sie den Reifen mit dem Daumen noch bis zur Felge drücken können.
⑩ Drücken Sie anschließend das Ventil tief nach innen, um sicherzugehen, dass es sich nicht mit dem Schlauch zwi-

Tipp

Beim Montieren von Reifen und Schlauch ist es besonders wichtig, ohne Werkzeug zu arbeiten, anderenfalls wäre die Wahrscheinlichkeit, sich ein neues Leck einzuhandeln, viel zu groß.

schen Mantel und Felge verklemmt hat.
Kneten Sie nun den Reifen rundum ein wenig mit dem Ziel, die umlaufende Linie auf dem Reifen gleichmäßig zur Felgenflanke verlaufen zu lassen ⑩.

⑪ Pumpen Sie weiter auf und prüfen Sie noch einmal die Parallelität der umlaufenden Linie.

⑫ Dann pumpen Sie den Reifen prall auf und ziehen die Kontermutter zum Fixieren des Ventils fest. Zum Abschluss schrauben Sie das Ventilkäppchen auf.

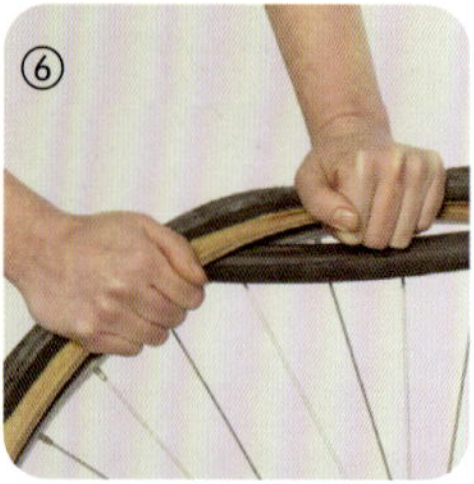

Info

Welcher Schlauch für welchen Reifen?

Ein Standard-Rad hat 28 Zoll, Mountainbikes haben 26 Zoll, manche Damenräder 26 Zoll, das klassische Klapprad 20 Zoll. Diese Werte stehen für den Durchmesser der Felgen.

Aber Zoll sind nicht immer Zoll. Interessanterweise sind die recht seltenen 27-Zoll-Räder aufgrund anderer Mess-Methoden größer als 28-Zoll-Räder!

Von diesen Ausnahmen sollten Sie sich aber nicht verwirren lassen. In der Regel ist die richtige Größe auf der Reifenflanke notiert und daran orientieren Sie sich.

Dort kann beispielsweise stehen:

40 – 622 (28 x 1,50 / 700 x 38 c)

Das bedeutet:

40 = Reifenbreite in mm
622 = Reifendurchmesser in mm, gemessen am Felgenaußenrand
28 = Reifendurchmesser in Zoll (Reifenaußendurchmesser)
1,50 = Reifenbreite in Zoll
700 = Reifendurchmesser in mm (Reifenaußendurchmesser)
38c = Reifenbreite in mm

Geringe Abweichungen von wenigen Millimetern resultieren aus verschiedenen Messmethoden und spielen in der Praxis keine Rolle.

Um auf der sicheren Seite zu sein, sollten Sie zum Kauf eines Schlauches oder eines Reifens alle Maße mitnehmen und sich im Fachhandel beraten lassen.

Das Rad mit der Gabel verbinden

Auf dem Weg zurück zur Fahrtüchtigkeit verbinden Sie nun das Rad wieder mit der Gabel. Wie beim Ausbau unterscheiden sich die Methoden vor allem vor dem Hintergrund der verwendeten Befestigung.

Tipp

Wenn das Rad offensichtlich schief befestigt ist, klappen Sie den Spanner noch einmal auf, stellen das Fahrrad aufrecht hin, drücken von oben, bis die Achse ganz in die Gabel rutscht und schließen dann den Schnellspanner wieder.

Ein Vorderrad mit Schnellspanner fixieren

Beachten Sie die Laufrichtung und führen Sie die Achse in die Gabel ein. Schließen Sie den Schnellspanner um 90 Grad und ziehen Sie die Gegenmutter mit der Hand so weit wie möglich fest ①. Klappen Sie den Schnellspanner zu – das müsste nun so schwer sein, dass Sie es mit der Hand gerade noch so schaffen. Wenn das zu leicht oder zu schwer fällt, dann lockern Sie die Gegenmutter entweder oder Sie ziehen sie fester an. Achten Sie darauf, dass der Schnellspanner nach dem Schließen am Rahmen oder der Gabel anliegt; so können Sie versehentliches Öffnen vermeiden ②.

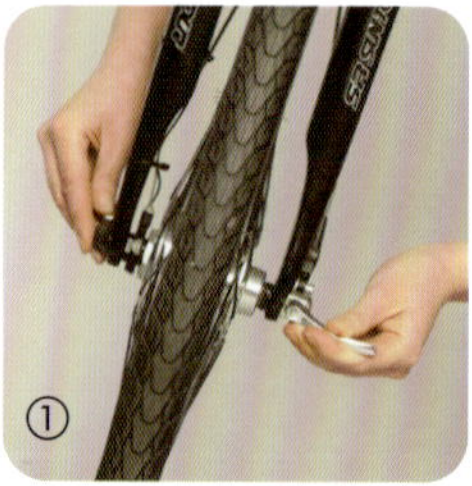
①

②

Ein Hinterrad mit Schnellspanner fixieren

Der Einbau eines Hinterrades ähnelt dem eines Vorderrades, allerdings mit dem wesentlichen Unterschied, dass Kette und Schaltung wieder zusammengefügt werden müssen. Ziehen Sie also das Schaltwerk mit der rechten Hand nach hinten und heben Sie das Rad mit der Achse so in den Rahmen, dass die Kette auf das kleinste Ritzel zu liegen kommt. Danach schließen Sie den Schnellspanner wie beim Vorderrad beschrieben.

Ein Vorderrad mit Muttern fixieren

Beachten Sie die Laufrichtung und führen Sie die Achse in die Gabel ein. Unterlegscheiben müssen außen an der Gabel anliegen. Ziehen Sie zunächst die Muttern auf beiden Seiten mit der Hand fest. Danach bringen Sie den passenden Ring- oder Gabelschlüssel zum Einsatz und ziehen damit die Muttern abwechselnd gleichmäßig bis zum Ende an.

Tipp

Wenn Ihr Rad eine Bügelbremse hat, aber Ihr Reifen im ersten Anlauf zu dick ist, um durch die Bremsbacken zu passen, können Sie wieder ein bisschen Luft herauslassen, um den Einbau zu erleichtern.

Ein Hinterrad mit Muttern fixieren

Im Falle einer Kettenschaltung ist der Einbau eines Hinterrades bis zum Festschrauben der Muttern mit der Version Schnellspanner identisch. Wenn es sich um ein Hinterrad mit Rücktrittbremse und/oder Nabenschaltung handelt, ist es nun Ihre Aufgabe, die Kettenspannung richtig einzustellen. Dies gelingt Ihnen durch passendes Verschieben des Hinterrades im Rahmen. Die Spannung der Kette sollte so hoch sein, dass sie sich in der Mitte zwischen Kettenblatt und Ritzel etwa einen Finger breit auf und ab bewegen lässt.
Ziehen Sie nun zunächst die Mutter auf der Seite des Ritzels leicht an. Dann richten Sie das Rad mittig im Rahmen aus und drehen die gegenüberliegende Befestigungsschraube an. Kontrollieren Sie nun noch einmal die Kettenspannung und korrigieren Sie, wenn nötig, nach. Danach ziehen Sie die Befestigungsschrauben wechselseitig fest an.

Wiederherstellen der Schaltfunktionen

Eine Kettenschaltung ist gleich einsatzbereit.
Die Dreigang-Nabenschaltung stellen Sie so ein, dass bei eingelegtem dritten Gang der Zug ganz leicht unter Spannung steht. Gegenprobe: Wenn Sie in den ersten Gang schalten, darf sich das Schaltungskettchen nicht mehr weiter aus der Nabe ziehen lassen.
Bei der Fünfgang-Pentasport-Nabe im vierten Gang müssen beide Schaltungskettchen unter ganz leichtem Zug stehen. Die Gegenprobe funktioniert wie bei der Dreigangschaltung.

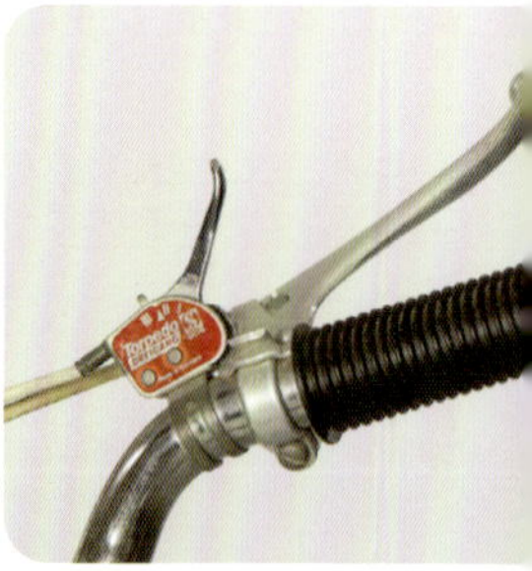

Wiederherstellen der Bremsfunktionen

Hängen Sie den Bremszug an der Cantilever-Bremse wieder ein. Verfahren Sie bei einer V-Brake mit dem unteren Ende des Bogenröhrchens genauso.
Schließen Sie den Spannhebel der Bügelbremse. Falls Sie die Bremsklötze abschrauben mussten, verfahren Sie zur Befestigung wie auf Seite 69 beschrieben.
Hängen Sie den Bremszug einer Trommelbremse am radseitigen Bremshebel wieder in die Blechlasche ein. Sollte der Bremsanker zusätzlich mit einer Schelle befestigt sein, fixieren Sie sie mithilfe eines Schraubenschlüssels 8 oder 10 mm.
Führen Sie den Kolben einer Hydraulikbremse an seine Aufnahme heran und schließen Sie den Spannhebel oder schrauben Sie ihn mit dem Inbus- oder Gabelschlüssel fest.
Wenn Ihr Fahrrad eine Hinterrad-Rücktrittbremse hat, vergessen Sie nicht, den Bremsanker wieder zu befestigen!
Machen Sie vor dem Losfahren eine Bremsprobe!
Und zu guter Letzt: Fügen Sie das Stromkabel wieder in den Nabendynamo ein.

SHIMANO Deore XT

Die Schaltung einstellen

Während es in den Anfängen des Radsports gang und gäbe war, dass selbst große Rundfahrten über steile Alpenpässe mit mehr oder weniger einfachen Drahteseln ohne Gangschaltung bewältigt wurden, rollt heutzutage kaum mehr ein Fahrrad hinter der Ladentheke hervor, das nicht mit einer modernen Schaltanlage ausgestattet wäre. Das können einerseits Kettenschaltungen sein mit verschiedenen Zahnkränzen vorne und hinten, wie sie auch im Rennsport verbreitet sind, andererseits feiert die gute alte Nabenschaltung in allerlei Varianten fröhliche Urständ.

Eine Kettenschaltung reparieren

Eine gut funktionierende Kettenschaltung ist etwas Herrliches. Je mehr Zahnkränze vorhanden sind, umso besser können Sie sich unterwegs dem Gelände anpassen und Ihren individuellen Neigungen nachgehen. Hin und wieder kommt es aber vor, dass man das Gefühl hat, es sei Sand im Getriebe. Die Tabelle unten zeigt vier typische Symptome und ihre häufigsten Ursachen. Danach erkläre ich Ihnen Schritt für Schritt, wie Sie die Defekte beheben können.

Symptom	Ursache
1. Die Gänge lassen sich leicht in die eine Richtung schalten, beim Schalten in die andere Richtung wird aber der Gang nicht getroffen.	In den meisten Fällen ist dafür ein schwergängiger Schaltzug verantwortlich (Seite 45 – 47).
2. Das Schaltwerk ist in jedem Gang ungenau, die Kette trifft das Ritzel nicht.	Das Schaltwerk ist verstellt oder verbogen (Seiten 49 und 51).
3. Einer der oder beide äußeren Gänge des Zahnkranzes sind nicht schaltbar oder im anderen Extrem springt die Kette auf einer oder beiden Seiten vom Ritzel herunter.	Der Anschlag des Schaltwerkes ist falsch eingestellt, und zwar zu eng, wenn die äußeren Gänge nicht mehr schaltbar sind, und zu weit, wenn die Kette herunterspringt (Seite 49 – 50).
4. Die Kette rutscht bei starkem Krafteinsatz vor allem in großen Gängen auf dem dann kleinen Ritzel durch.	Zahnkranz und/oder Kette sind defekt (Seite 53).

Werkzeuge in Reihenfolge:

Inbus-Schlüssel 5 mm oder 4 mm
Ring- oder Gabelschlüssel 8 mm
Drahtbürste
Schmirgelpapier
Lappen
Kreuzschlitz-schraubendreher
Seitenschneider
Kombi-Zange
Feile und Schmirgelpapier
Inbus-Schlüssel 6 mm

Hilfe bei schwergängigem Schaltzug

Bringen Sie den Schaltzug in die Position, in der seine Spannung am geringsten ist. Dazu müssen Sie den für Ihr Fahrrad passenden Gang einlegen. Sie waren erfolgreich, wenn der Schaltzug am Schaltwerk mit größtmöglicher Länge sichtbar ist. Ob dafür das kleinste oder das größte Ritzel des Hinterrades gewählt werden muss, ist bei verschiedenen Schaltwerken unterschiedlich.

Einen Schaltzug freilegen

Wenn die am Rahmen angebrachten Außenzughalter mit einem Schlitz versehen sind ①, können Sie den kompletten Zug aus den Gegenhaltern herausziehen ②. Nun lassen sich die Außenhüllen so weit verschieben, dass Sie an alle Teile des Innenzuges herankommen. Wenn Ihre Außenzughalter keinen Schlitz haben, müssen Sie den Schaltzug am Schaltwerk (Hinterrad) oder Umwerfer (Kettenblätter vorne) entweder mit einem Inbus-Schlüssel 5 mm, manchmal 4 mm, oder einem 8 oder 10 mm großen Ring- oder Gabelschlüssel abschrauben und herausziehen. Wie das funktioniert, beschreibe ich im nächsten Abschnitt unter „Einen Schaltzug ausbauen“ auf Seite 46.

①

②

Einen Schaltzug prüfen und reinigen

Nun untersuchen Sie den Innenzug auf seiner kompletten Länge auf Knicke oder ausgefranste Stellen ①. Wenn Sie derartige Beschädigungen finden, müssen Sie den Zug erneuern.

Ist der Schaltzug aber intakt, sollten Sie ihn zumindest reinigen, und zwar mit Drahtbürste, Schmirgelpapier und Lappen. Einen Zug zu ölen oder gar einzufetten ist überhaupt nicht notwendig, denn in den Außenhüllen ist eine Teflonschicht eingearbeitet, die unter Öl und Fett leiden würde. Zudem ist Teflon ohnehin sehr gleitfähig.

Oft ist es auch hilfreich, die Außenhülle auf dem Innenzug mehrmals hin- und herzuschieben ②, um auf diese Weise eingedrungenen Schmutz hinauszubefördern. Nach erfolgreicher Behandlung gleiten die Außenzüge ohne Widerstand auf den Innenzügen.

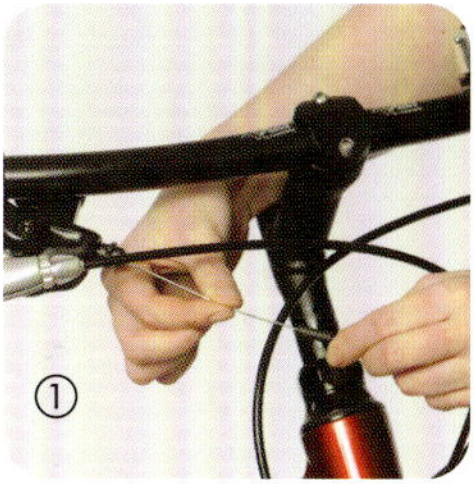

Info

Schaltzüge

Der Handel bietet Universalschaltzüge an, die auf einer Seite mit einem Nippel ausgestattet sind, auf der anderen Seite sozusagen leer enden. Sie passen in der Regel für jede Schaltanlage, sind also auch für die hintere Schaltung ausreichend lang. Denken Sie beim Einkauf aber auch an einen Ausfransschutz in Form einer Endhülse.

Einen Schaltzug ausbauen

An den Zugenden ist meist ein Ausfransschutz in Form einer Hülse angebracht, den Sie kraftvoll mit einer Zange abziehen ①.

Dann lösen Sie die Klemmschraube am Schaltwerk oder am Umwerfer um zwei bis drei Umdrehungen, woraufhin Sie den Zug aus dem Schaltwerk und anschließend aus den Außenhüllen ziehen können ②.

Der stets auf der Schalthebelseite und bei den gängigen Modellen im Griff befestigte Zug muss nun dort noch ausgefädelt werden. Dazu kann man bei vielen Modellen eine Abdeckkappe entfernen, die in den meisten Fällen von einer Kreuzschlitzschraube festgehalten wird ③. Die Fahrradindustrie bietet allerlei Varianten von Befestigungen eines Schaltzuges auf der Schalthebelseite an ④. Sie alle hier zu nennen, würde den Rahmen dieses Ratgebers sprengen. Meist genügt aber schon ein bisschen Beobachtungsgabe und Fantasie, um schnell ans Ziel zu kommen.

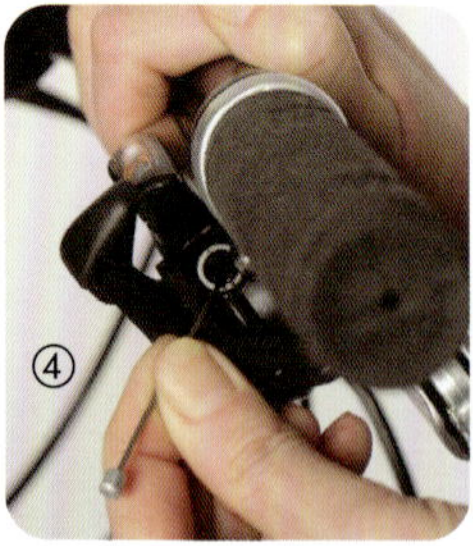

Fahrrad-Multitool
Gebrauchsanleitung

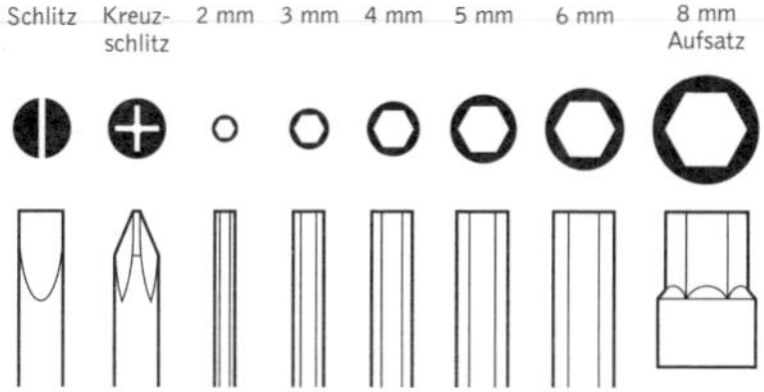

Das Fahrrad-Multitool verfügt über fünf Innensechskantschlüssel in den Stärken 2, 3, 4, 5 und 6 mm, einen Innensechskant-Aufsatz 8 mm sowie je einen Schlitz- und Kreuzschlitz-schraubendreher.

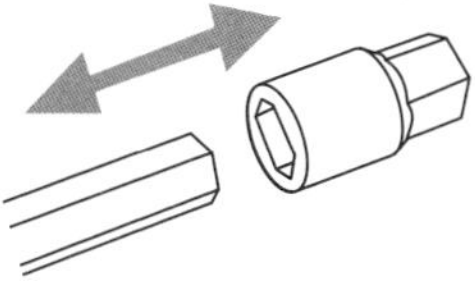

6 mm / 8 mm Innensechskant:

Um den 6-mm-Innensechskant zu benutzen, nehmen Sie einfach den 8-mm-Innensechs-kant-Aufsatz herunter. Anschließend können Sie den 8-mm-Aufsatz wieder aufstecken, sodass er nicht verlorengeht.

Wartung und Pflege:

Nach Gebrauch das Werkzeug gut säubern. Mit Waffenöl oder einem teflonbasierten Pflegemittel warten. Trocken lagern, um Rost vorzubeugen. Sollten sich die Werkzeuge im Lauf der Zeit etwas lockern, die Schrauben an den Griffenden nachziehen.

Die Werkzeugteile des Multitools sind frei beweglich und rasten nicht ein. Bei unsach-gemäßer Handhabung besteht Verletzungs-gefahr.

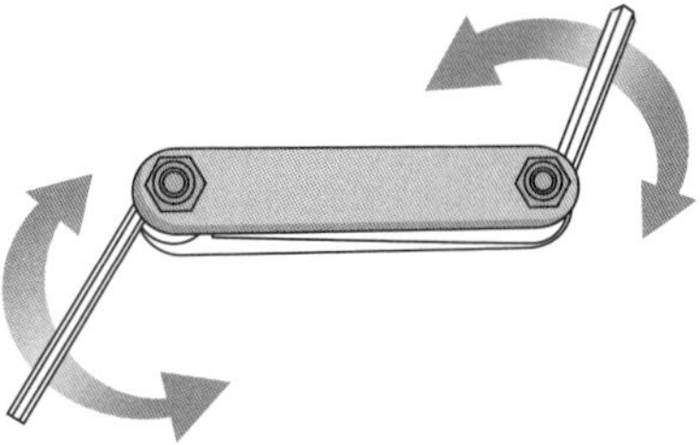

Der Griff sollte in einer Linie oder im 90°-Winkel zum ausgeklappten Werkzeug stehen. Die beste Kraftübertragung erfolgt, wenn die Werkzeugteile im annähernd rechten Winkel zum Griff stehen.

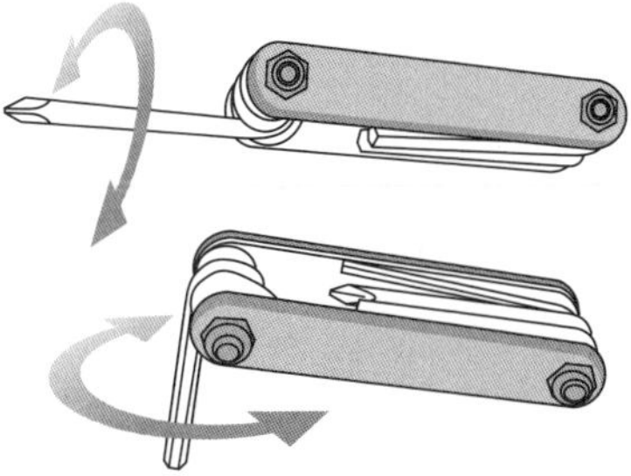

Sicherheitshinweis:

Das Fahrrad-Multitool ist für die schnelle Hilfe unterwegs gedacht und ersetzt kein Fachwerkzeug.

Outil multifonctionnel pour vélo
Mode d'emploi

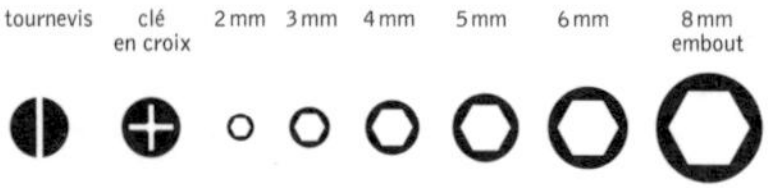

L'outil multifonctionnel pour vélo comprend une clé mâle coudée à six pans creux (2, 3, 4, 4 et 6 mm), un embout hexagonal 8 mm, un tournevis et une clé en croix.

Clé mâle coudée à six pans creux 6mm / 8mm:
Pour utiliser la clé mâle à six pans creux il faut seulement enlever l'embout hexagonal. Ensuite vous pouvez remettre l'embout pour qu'il ne se perde pas.

Les parties de l'outil se laissent déplacer librement et ne s'enclenchent pas. Le non-respect des instructions augmente le risque de blessures.

La poignée doit former un angle de 90 degrés par rapport à l'outil déployé. La meilleure transmission de puissance se réalise quand les parties de l'outil se trouvent dans uns angle droit.

Maintenance et entretien:
Nettoyez bien l'outil après l'avoir utilisé. Prenez de l'huile pour armes ou un produit d'entretien à base de téflon. Si les outils se desserrent au fil du temps resserrez les vis a l'extrémité de la poignée.

Consigne de sécurité:
L'outil multifonctionnel pour vélo à été fait pour une aide rapide pendant le voyage et ne remplace pas un outil professionnel.

Attrezzo multifunzione per bicicletta
Istruzione d'uso

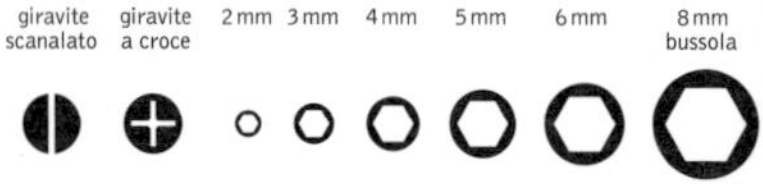

L'attrezzo multifunzione per bicicletta comprende 5 chiavi esagonali da 2,3,4,5 e 6mm, una chiave a bussola esagonale da 8mm, una giravite scanalato ed una giravite a croce.

Chiavi esagonali da 6mm/8mm:
Per poter usare la chiave esagonale da 6mm staccate semplicemente la chiave a bussola esagonale da 8mm. Dopo l'uso riattacate la chiave a bussola da 8 mm in modo che non vada perso.

Le parti dell'utensile si muovano liberamente e non scattano in posizione. L'uso improprio aumenta il rischio di ferirsi.

Il manico dovrebbe formare una linea con l'utensile spiegato o formare un angolo di 90°. La migliore trasmissione di forza si ottiene quando le parti dell'utensile formano un angolo retto con il manico.

Cura e manutenzione:
Dopo l'uso pulire bene l'utensile. Eseguire la manutenzione con olio per armi o un detersivo a base di Teflon. Se nel tempo gli utensili dovessero svitarsi serrate le viti alle fine del manico.

Avviso di sicurezza:
L'atterezzo multifunzione per bicicletta va usato per riparazioni piccole e non sostituisce utensili speciali.

Einen neuen Schaltzug einbauen

Wo die Außenhülle am Schaltwerk ① oder am Schalthebel ② anliegt, gibt es je eine Stellschraube, durch die der Innenzug läuft und mit der Sie die Zugspannung variieren können. Diese Schrauben drehen Sie zuerst ganz hinein und anschließend etwa eine Umdrehung wieder heraus, damit Sie nach dem Einfädeln und Fixieren des Schaltzuges genügend Verstellweg zur Verfügung haben. Wie bereits erwähnt, ist ein Schaltzug stets mit dem Nippel am Schalthebel fixiert. Fädeln Sie also den Schaltzug mit dem leeren Ende zuerst durch den Schalthebel dann durch die Hüllen und zum Schluss ins Schaltwerk ein. Ziehen Sie ihn anschließend mit einer Hand stramm und drehen Sie mit der anderen die Klemmschraube fest ③. Das überstehende Ende schneiden Sie etwa zwei Fingerbreit hinter der Klemmschraube ab – verwenden Sie dafür einen hochwertigen Seitenschneider, damit der Schnitt glatt gelingt – und schützen Sie es zusätzlich vor dem Zerfasern, indem Sie einen Ausfransschutz (eine Hülse aus Metall) auf das Ende des Zuges stecken und mit einer Zange quetschen ④.

①

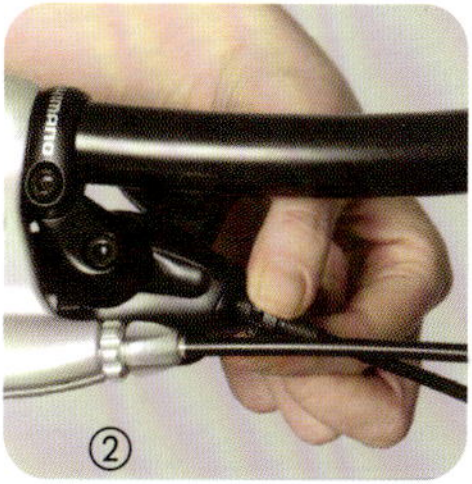
②

③

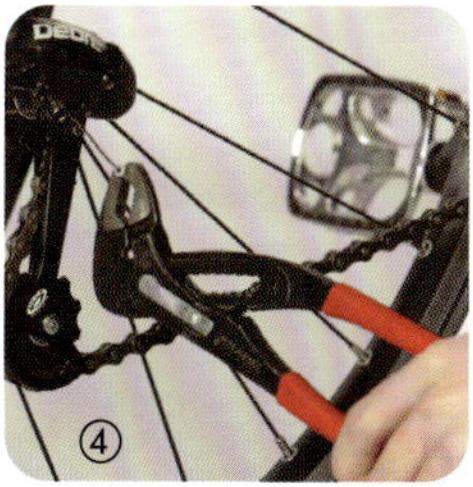
④

Außenhüllen wechseln

Beschädigte Außenhüllen, geknickte und/oder durchgescheuerte, tauschen Sie mitsamt dem Innenzug aus. Achten Sie beim Ablängen der Hüllen darauf, sie möglichst kurz zu halten, jedoch lang genug, um alle Lenkbewegungen zu ermöglichen.

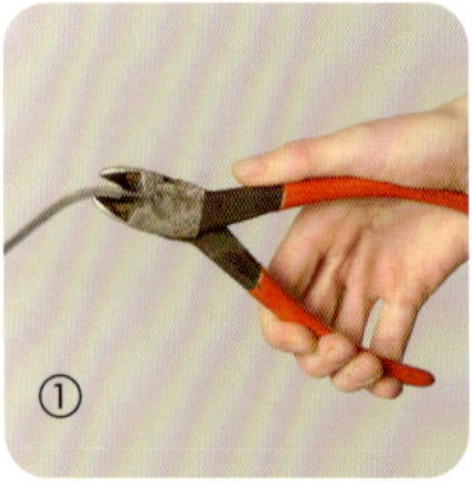

Schneiden Sie die Hüllen mit einem hochwertigen Seitenschneider so ab ①, dass eine möglichst kreisrunde Auflagefläche entsteht und darüber hinaus keine Fasern nach innen ragen und den Lauf des Innenzuges erschweren.
Glätten Sie die Schnittfläche mit einer Feile oder etwas Schmirgelpapier ② und weiten Sie anschließend die innen liegende Teflonbeschichtung mit einem spitzen Werkzeug, beispielsweise einer Kugelschreibermine ③, damit Sie den Zug problemlos einführen können.
Wenn Sie möchten, können Sie zum Schutz der Hüllenenden im Handel erhältliche Kappen verwenden.

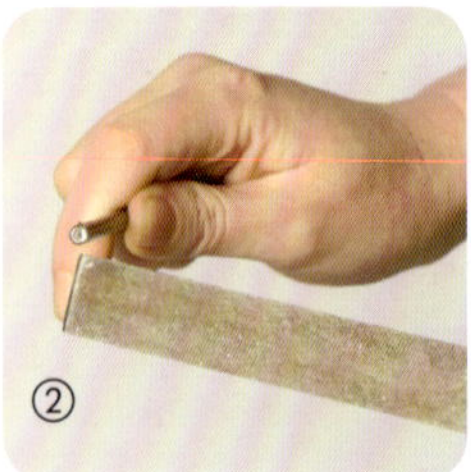

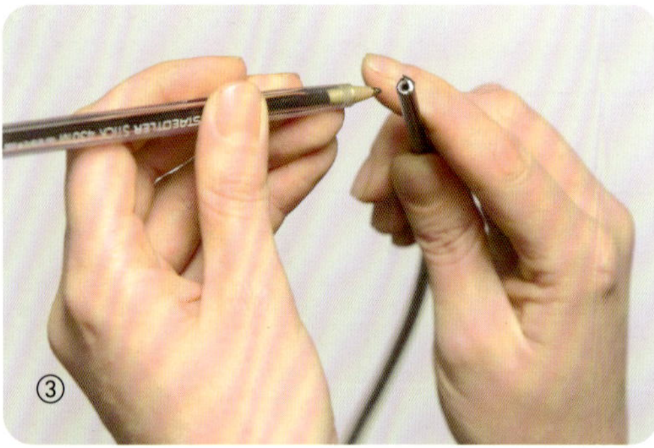

Die Positionierung des Schaltwerks einstellen

Für diese Arbeit sollten Sie frei pedalieren (das Hinterrad über die Pedale antreiben) können; hängen Sie also das Rad entweder auf oder stellen Sie es auf Sattel und Lenker. Bereiten Sie nun das Schaltwerk vor, indem Sie die Pedale drehen und, sofern dort eine Schaltung vorhanden ist, die Kette vorne auf das mittlere Kettenblatt einstellen. Wählen Sie nun für das Hinterrad den Gang, in dem der Schaltzug am entspanntesten ist, also je nach Schaltwerk auf dem größten oder dem kleinsten Ritzel. Schalten Sie nun am Schalthebel einen Gang weiter – wichtig: genau einen! –, um zu überprüfen, ob die Schaltung genau positioniert. Das Schaltwerk müsste sich jetzt exakt über dem zweiten Ritzel von innen oder von außen befinden ①. Wenn das nicht der Fall ist, justieren Sie durch Hinein- oder Herausdrehen der Stellschraube ② das Schaltwerk so, dass es genau mittig über dem richtigen Ritzel sitzt.

Info

Schaltwerke

Bis 2003 galt für nahezu alle Schaltwerke: Wenn das Schalten auf das nächstgrößere Ritzel schlecht funktioniert, dann muss die Zugspannung durch Herausdrehen der Stellschraube erhöht werden. Seit 2003 gibt es auch die genau umgekehrte Funktionsweise.

Diesen Vorgang wiederholen Sie anschließend mit allen Gängen: Sie pedalieren und schalten weiter und prüfen über jedem Ritzel die Position des Schaltwerks. In der Regel reicht das einmalige Justieren, damit es über allen Ritzeln richtig steht.
Zur Kontrolle schalten Sie nun mehrmals hinauf und hinunter, immer einen Gang weiter. Wenn die Kette von einem Gang zum anderen nur zögerlich das Ritzel wechselt, justieren Sie an den Stellschrauben in Schritten von Achtel- bis Viertelumdrehungen nach.

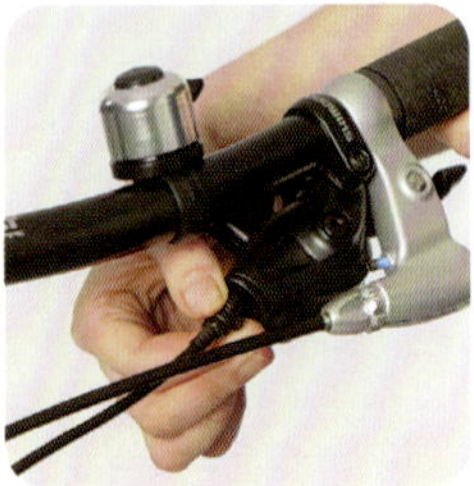

Die Positionierung des Umwerfers einstellen
Das Einstellen des Umwerfers, des Schaltwerks am vorderen Zahnkranz, geschieht im Prinzip auf die gleiche Weise wie am Hinterrad. Es gibt allerdings einen wesentlichen Unterschied: Die Zugspannung kann meist nur am Schalthebel verändert werden, dort, wo der Zug in den Hebel hineingeführt worden ist. Herausdrehen der Einstellschraube verstellt den Umwerfer nach außen in Richtung des Pedals, von oben betrachtet nach rechts, Hineindrehen zur anderen Seite.

Hilfe bei verstelltem oder verbogenem Schaltwerk

Wenn sich das Schaltwerk nach jedem Schalten und in jedem Gang ungenau positioniert, stellen Sie es ein, wie auf Seite 49 beschrieben.
Führt das Justieren des Schaltwerks partout nicht zum Erfolg, ist es wahrscheinlich durch Verschleiß oder durch einen Unfall beschädigt und muss ersetzt werden. Das sollten Sie dem Profi überlassen. Sie müssen das Teil im Fachhandel kaufen, das ist die beste Gelegenheit, es dort gleich einbauen zu lassen.

Verbogenes Schaltauge

Noch weitaus häufiger als ein defektes Schaltwerk kommt beim Fahrrad ein verbogenes Schaltauge ① vor, also das Rahmenende, an dem das Schaltwerk festgeschraubt ist. Zum Überprüfen entfernen Sie mit einem 6-mm-Inbus-Schlüssel das Schaltwerk vom Rahmen und schrauben ein Vorderrad mit der Achse hinein. Anhand der Parallelität von Vorder- und Hinterrad können Sie sehen, ob und wie weit das Auge verbogen ist. Fällt der Test positiv aus, das Schaltauge ist verbogen, gehen Sie zum nächsten Fahrradhändler, denn diese Reparatur erfordert Spezialwissen und Spezialwerkzeug. Es mag verlockend sein, mit dem hineingeschraubten Vorderrad das Schaltauge richten zu wollen. Wenn Sie sich dazu entschließen, gehen Sie mit der notwendigen Vorsicht an die Sache heran, da die Gefahr besteht, die Vorderradachse zu beschädigen.

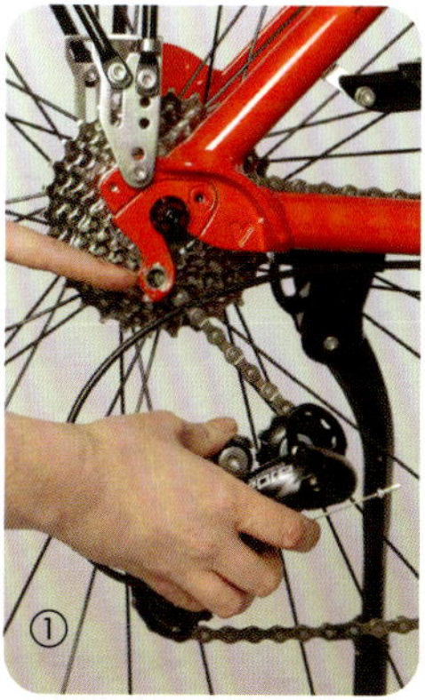

Die Anschläge der Schaltung einstellen

Um den Weg des Schaltwerks nach ganz innen und ganz außen zu begrenzen, gibt es am Schaltwerk zwei Anschlagschrauben. Bei den gängigen japanischen Schaltwerken ist die Schraube für den inneren, speichenseitigen Anschlag mit einem L für „Low" gekennzeichnet und die für den äußeren mit einem H für „High". Herausdrehen der Anschlagschrauben führt zu einer Vergrößerung des Weges, Hineindrehen verringert ihn. Stellen Sie die Anschlagschrauben so ein, dass die äußersten Ritzel problemlos geschaltet werden können, die Kette jedoch nicht über sie hinausspringt.

Die Anschläge des Umwerfers einstellen

Das Einstellen der Anschläge des Umwerfers, des Schaltwerks am vorderen Zahnkranz, geschieht im Prinzip auf die gleiche Weise wie am Hinterrad. Von den beiden Anschlagschrauben zur Schaltwegsbegrenzung ist die innere für den inneren und die äußere für den äußeren Anschlag zuständig.

Hilfe bei durchrutschender Kette

Wenn, vor allem in den großen Gängen, während kräftiger Tritte die Kette durchrutscht, dann sind Kette und/oder Zahnkranz defekt. Das Beheben dieses Problems sollten Sie einem Profi überlassen, denn dafür sind viele Ersatzteile und Spezialwerkzeug notwendig. Damit es erst gar nicht so weit kommt, sollten Sie Ihre Kette richtig warten.

Die Kette warten in vier Schritten

1. Reinigen Sie die Kette in regelmäßigen Abständen mit einer Drahtbürste.
2. Schmieren Sie sie mit einem zähflüssigen Öl oder mit Sprühfett ein.
3. Bewegen Sie die Kette, um das Fett in die Gelenke zu befördern.
4. Wichtig: Wischen Sie zum Schluss noch anhaftendes Öl oder Fett mit einem Lappen ab.

Eine Nabenschaltung einstellen

Die Dreigang-Nabenschaltung stellen Sie so ein, dass bei eingelegtem dritten Gang der Zug ganz leicht unter Spannung steht. Gegenprobe: Wenn Sie in den ersten Gang schalten, darf sich das Schaltungskettchen nicht mehr weiter aus der Nabe ziehen lassen.

Bei der Fünfgang-Pentasport-Nabe im vierten Gang müssen beide Schaltungskettchen unter ganz leichtem Zug stehen. Die Gegenprobe funktioniert wie bei der Dreigangschaltung.

Japanische Nabenschaltung

Eine japanische Siebengang-Nabenschaltung schalten Sie zum Einstellen zunächst in den ersten Gang. Ziehen Sie jetzt den Innenzug vollkommen aus dem hinteren Ende der Zug-

hülle heraus ①. Der Abstand vom Zughüllenende bis zur Mitte des auf den Innenzug aufgeschraubten Nippels muss nun 101 mm betragen ②. Zum Einstellen lösen Sie die Nippelmutter, verschieben den Nippel auf dem Zug und ziehen die Mutter wieder fest. Danach fädeln Sie den Nippel in die passende Ausbuchtung am Schaltrad, anschließend den Innenzug durch den Schlitz des vor dem Ritzel befindlichen Zughalters und die Außenhülle in dessen vorderes Ende ein. Zur Feineinstellung legen Sie den vierten Gang ein. Achten Sie nun darauf, ob die an Nabe und Schaltrad angebrachten roten Markierungen genau nebeneinander liegen ③. Solche Markierungen gibt es sowohl an der Ober- als auch an der Unterseite der Nabe. Das ermöglicht Ihnen die Kontrolle mit aufrechtem, aber auch mit auf den Kopf gestelltem Rad. Durch passendes Drehen der Einstellschraube am Schaltgriff bringen Sie die Markierungen exakt überein.

③

②

Bremsen reparieren

Geht es Ihnen manchmal auch so: Mitten in einer rasanten Bergabfahrt kommt Ihnen der Gedanke: „… und wenn jetzt der Bremszug reißt …“

Munter unterwegs sein ist der eine Aspekt des Fahrradfahrens, der andere ist, jederzeit an jeder Stelle sicher wieder anhalten zu können. Zu diesem Zweck sind heutzutage in unseren Bikes hochwertige Bremsanlagen eingebaut, die bei richtiger Einstellung und Wartung keine Wünsche offen lassen. Wie das funktioniert, zeigen die folgenden Seiten auf anschauliche Art und Weise.

Symptome, Ursachen, Reparatur, Wartung

Im negativen Sinne ansteigend lassen sich vier Symptome mangelnden Bremsverhaltens unterscheiden:

1. Die Bremse quietscht.
2. Die Bremse schleift.
3. Die Bremse funktioniert schlecht.
4. Die Bremse funktioniert überhaupt nicht.

Die Tabelle unten zeigt Symptome, wahrscheinliche Ursachen und die zu treffenden Maßnahmen bei unterschiedlichen Bremsproblemen auf einen Blick.

Hilfe bei Bremsproblemen

Symptom	Ursache(n)	Maßnahme(n)
Bremse quietscht	Bremsgummis sind schlecht eingestellt	Bremsgummis V-förmig zur Felge ausrichten (Seite 64)
Bremse schleift	Bremszug und/oder Bremse sind/ist so schwergängig, dass die Bremse nicht mehr in die Neutralstellung zurückfedert	– Bremszug und Außenhüllen reinigen (Seite 75) – Bremszug auf Ausfransungen und Knicke prüfen und eventuell austauschen (Seite 76) – Bremsgelenke reinigen und schmieren (Seite 62)
	Bremse zieht asymmetrisch	Bremse symmetrisch stellen
	Felge mit Seitenschlag	Bei Felgenbremse: Felge zentrieren
	Bremsscheibe mit Seitenschlag	Bremsscheibe austauschen

Symptom	Ursache(n)	Maßnahme(n)
Bremse funktioniert schlecht	Bremsfläche der Felge oder der Bremsscheibe ist verschmutzt oder hat Riefen	Bremsflächen reinigen und glätten (Seite 61)
	Bremsgelenke sind schwergängig (Cantilever, V-Brake, Bügelbremse)	Bremsgelenke reinigen und schmieren
	Bremsgummis sind – überaltert (verhärtet) – verschlissen – passen nicht zur Bremsfläche (Stahlfelge oder Alufelge)	Bremsbeläge austauschen (Seite 63, 67, 69, 70, 72)
	Bremsgummis sind schlecht eingestellt	Bremsgummis V-förmig zur Felge ausrichten (Seite 64)
	Bowdenzüge sind schwergängig	– Bremszug und Außenhüllen reinigen (Seite 75) – Bremszug auf Ausfransungen und Knicke prüfen und eventuell austauschen (Seite 75)
	Hydraulikbremse hat Luft im System	Bremssystem entlüften (lassen)
Bremse funktioniert nicht	Bremsgummis sind stark beschädigt oder abgerissen	Bremsbeläge austauschen (Seite 63, 67, 69, 70, 72))
	Bowdenzug ist lose (aus der Fixierung gerutscht)	Zug festklemmen (Seite 77)
	Bowdenzug ist gerissen	Zug austauschen (Seite 77)
	Hydraulikbremssystem hat zu wenig Flüssigkeit, weil die Bremsbeläge extrem verschlissen sind	Bremsbeläge austauschen (Seite 63, 67, 69, 70, 72)
	Hydraulikbremssystem ist undicht	Im Fachhandel austauschen lassen

Zurück zur Bremswirkung

Orientiert an den Symptomen und Ursachen möglichen Bremsversagens stelle ich Ihnen auf den folgenden Seiten die besten Methoden vor, wie Sie Ihr Fahrrad mit einer funktionierenden Bremse jederzeit wieder zum Stillstand bekommen. Dabei gehe ich in der Reihenfolge weitestgehend nach Bremstypen (Fotos auf Seite 21) vor. Es gibt:

- Cantilever oder V-Brake
- Bügelbremse
- Scheibenbremse
- Trommelbremse
- hydraulische Felgenbremse

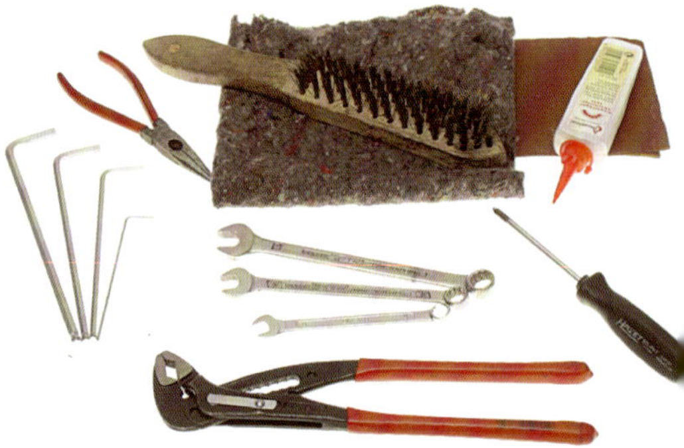

Werkzeuge in Reihenfolge:

Schmirgelpapier
5-mm-Inbus-Schlüssel
10-mm-Ringschlüssel
6-mm-Inbus-Schlüssel
Kreuzschlitz-Schraubendreher oder 2-mm-Inbus-Schlüssel
10-mm- oder 12-mm-Gabelschlüssel
Flachzange, Fettspray
4-mm-Inbus-Schlüssel
8-mm-Ring- oder Gabelschlüssel
Kombi-Zange, Drahtbürste
Lappen

Felge oder Bremsscheibe reinigen

Der Fahrradalltag bringt es mit sich, dass sich auf den Bremsflächen allerlei Dreck sammelt. Wenn es noch schlimmer kommt, sind Felgen und Bremsscheiben mit Riefen „verziert“. Beides mindert die Bremsleistung erheblich. Grund genug also, den Unebenheiten zu Leibe zu rücken.
Reinigen und entfetten Sie die Felgenflanken oder die Bremsscheiben mit Schwamm und Seifenwasser. Unebenheiten glätten Sie mit Stahlwolle oder feinem Schmirgelpapier.

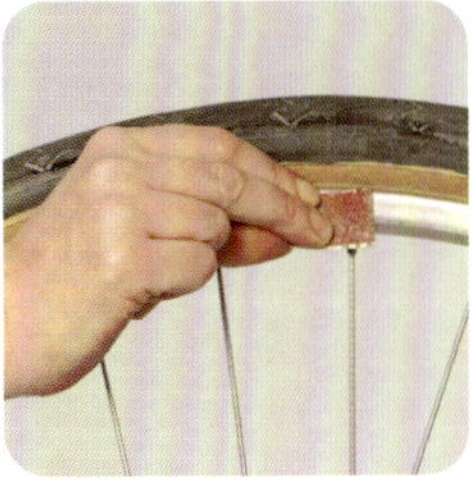

Die Bremsgelenke einer Cantilever-Bremse in Gang bringen

Lösen Sie in einem ersten Schritt die Bremszüge von den Bremsarmen, und zwar auf der einen Seite durch Aushängen (wie auf Seite 21 beschrieben), am anderen durch Entfernen der Klemmschraube.

Tipp

- Wenn Sie sich unnötige Tüftelei beim Einstellen ersparen wollen, markieren Sie vor dem Lösen der Zugklemme die Position auf dem Zug mit Filzstift oder Klebeband.
- Bearbeiten Sie immer erst einen Bremsarm, damit Sie stets den anderen zum Vergleich heranziehen können.

Dann schrauben Sie mit einem 5-mm-Inbus-Schlüssel oder einem 10-mm-Ringschlüssel die Befestigungsschrauben, die die Bremsarme auf den Bremssockeln halten, vollständig heraus ①. Merken Sie sich, wo die Rückstellfedern in die Bremssockel eingehängt sind. Dann ziehen Sie den Bremsarm vom Sockel ab und, damit der Mechanismus nicht auseinander fällt, achten Sie darauf, den Kunststoffdeckel mitzuziehen, unter dem der Federmechanismus sitzt ②.

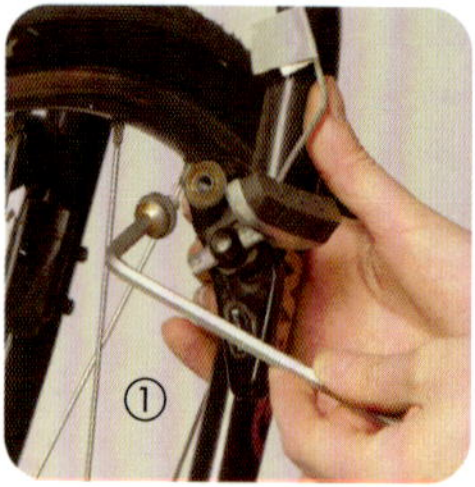

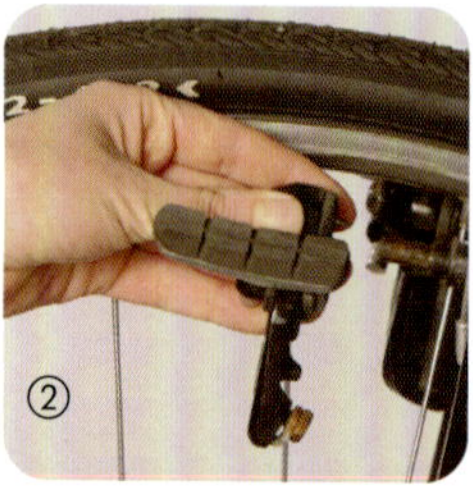

Info

Die richtigen Bremsbeläge

Vergewissern Sie sich vor dem Kauf, welche Art von Bremsklötzen Sie brauchen, also entweder mit einem Stift zum Klemmen oder mit einer Schraube (Gewindestift oder Gewindeloch). Außerdem muss der Bremsklotz zur jeweiligen Felge (Aluminium oder Stahl) passen.

Die Drehfläche an den Bremssockeln sollte blank sein – Rost, Lackreste oder Schmutz entfernen Sie mit feinem Schmirgelpapier. Die Lagerbuchse des Bremsarmes reinigen Sie im Bedarfsfall mit zusammengerolltem Schleifpapier, einem Wattestäbchen, einem Pfeifenreiniger oder Ähnlichem. Vor dem Zusammenbauen schmieren Sie die Lagerfläche mit einem speziellen Lagerfett oder in der Not mit etwas Vaseline ein. Beim Aufschieben der Bremsarme auf die Sockel achten Sie darauf, die Rückstellfeder wieder in das passende Loch einzuhängen ③.

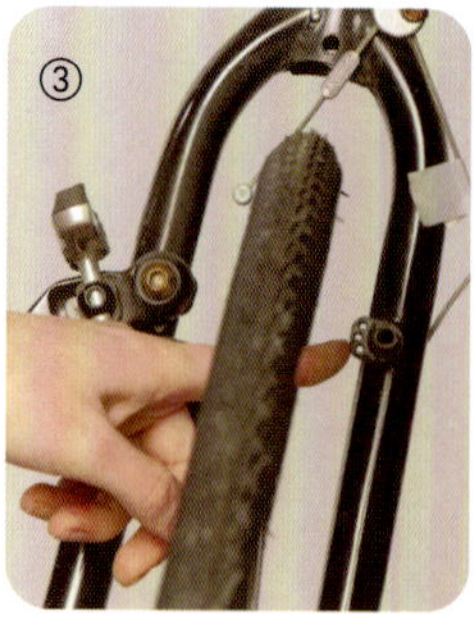

Die Bremsbeläge einer Cantilever-Bremse wechseln

Vorbereitung: Lösen Sie an der Einstellschraube des Bremshebels die Kontermutter. Dann drehen Sie die Stellschraube ganz hinein und anschließend zwei Umdrehungen wieder heraus ①.

Lösen Sie die Mutter an der der Gabel zugewandten Seite des Bremsarms mithilfe eines 10-mm-Ringschlüssels um zwei bis drei Umdrehungen ②. Nun können Sie den Bremsgummi nach unten klappen und mitsamt seinem Stift aus der Befestigung ziehen ③. Eventuell dahinter liegende Beilegscheiben dürfen nicht verloren gehen.

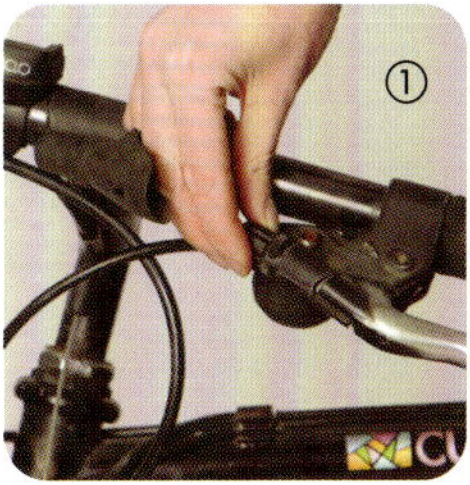

Tipp

- Halten Sie während des Aus- und Einbaus die neuen Bremsklötze gleich parat. Dazu gehört auch, sie richtig einzubauen. In den meisten Fällen gibt es eine vorgegebene Richtung, die durch einen Pfeil auf dem Bremsklotz angegeben ist und der in Fahrtrichtung zeigen muss – und somit also auch eine rechte und eine linke Bremsbacke. Auf diese Weise können Sie, durch „fliegenden Wechsel“ den Verlust der Beilegscheiben vermeiden.
- Auf dem Stift des Bremsgummis sind umlaufende Kerben vorhanden, die Orientierungshilfe geben, wie tief er in der Klemmschraube stecken muss. Wenn Ihnen die richtige Einstellung entfallen ist, vergleichen Sie mit der anderen Seite!

Nun führen Sie den Stift des neuen Bremsgummis wieder durch die Klemmschraube ein.
Anschließend heben Sie den Bremsgummi, richten ihn so aus, dass er auf ganzer Länge und Höhe auf die Felge trifft, und ziehen die Klemmschraube provisorisch fest. Wechseln Sie dann den Bremsgummi auf der anderen Seite.

Die Bremsbeläge einer Cantilever-Bremse einstellen

Kontrollieren Sie von oben, wie die Bremsgummis zur Felge stehen. Sie sollten in Fahrtrichtung vorne fast anliegen und hinten etwa 2 mm weiter abstehen ①. Grund: Die V-förmige Einstellung vermeidet das lästige Quietschen und führt außerdem zu einer Selbstverstärkung der Bremswirkung. Stellen Sie bei Bedarf die Bremsbeläge ein, indem Sie mit der einen Hand einen Bremsgummi festhalten, mit der anderen die Stellschraube etwas lösen, dann die Ausrichtung des Bremsgummis verändern und anschließend die Schraube wieder festziehen.

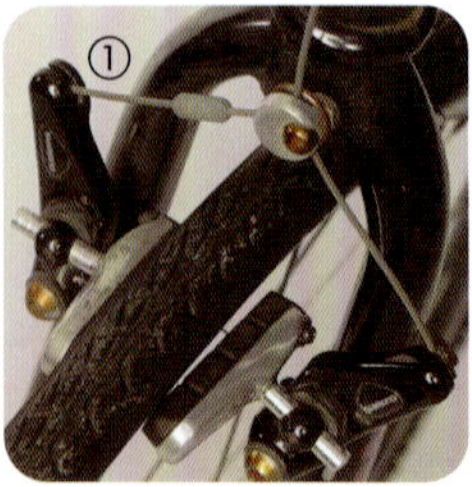

Nachdem beide Bremsgummis gewechselt, eingestellt und provisorisch fixiert worden sind, überprüfen Sie deren Abstand zur Felge. Dabei ist es zunächst irrelevant, ob der Abstand rechts und links gleich ist oder nicht, vielmehr muss die Summe beider vorderer Abstände etwa 4 mm betragen.

Bei nennenswerter Abweichung lösen Sie die Muttern noch einmal und verschieben die Stifte der Bremsgummis entsprechend nach innen oder außen. Zum endgültigen und vollständigen Festziehen der Muttern empfiehlt es sich, die Klemmschraube auf der rahmenabgewandten Seite mit einem 6-mm-Inbus-Schlüssel gegenzuhalten ②.

Eine Cantilever-Bremse symmetrisch stellen

An dem Bremsarm, an dem der Bremszug festgeschraubt ist (am Hinterrad in Fahrtrichtung rechts, am Vorderrad in Fahrtrich-tung links), gibt es eine kleine Einstellschraube (Kreuzschlitz oder 2 mm Inbus), mit der Sie die Federvorspannung und damit die Symmetrie der Bremse beeinflussen können ①.

①

Ziehen Sie zum Justieren zunächst einmal die Bremse und lassen Sie sie wieder los. Wenn Sie die Stellschraube herausdrehen, sinkt die Federvorspannung, wodurch der Bremsarm näher zur Felge kommt und umgekehrt. Gehen Sie beim Einstellen in Schritten von halben Umdrehungen vor, dabei ziehen Sie immer wieder die Bremse, lassen Sie erneut los und kontrollieren dann das Ergebnis. Wiederholen Sie den Vorgang so lange, bis beide Bremsbacken den gleichen Abstand zur Felge haben.

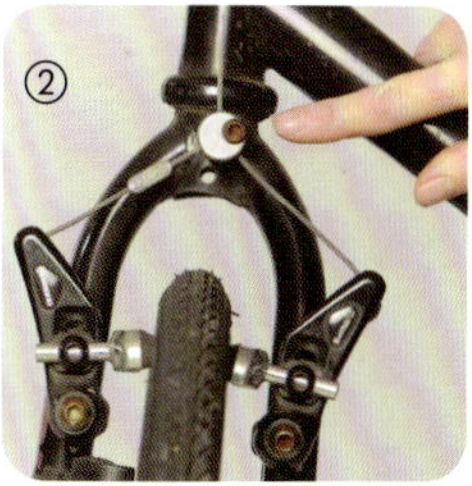

②

Wenn der Verstellbereich der Schraube nicht ausreicht, um eine symmetrische Bewegung der beiden Bremsarme herzustellen, kontrollieren Sie zunächst, ob der Bremszugteiler mittig über dem Laufrad ist ②. Korrigieren Sie bei Bedarf dessen Stand (siehe Seite 79). Anderenfalls müssen Sie die Bremsgelenke reinigen und schmieren (siehe Seite 61).

Die Spannung des Bremszuges einstellen

Ein Bremszug ist dann richtig eingestellt – und das gilt unabhängig davon, welche Art Bremse das Rad besitzt –, wenn beim Ziehen des Bremshebels mit voller Kraft noch ein Viertel des möglichen Weges übrig bleibt. Das erste Viertel sollte Leerweg sein, um einen ausreichenden Abstand der Bremsgummis zur Felge zu gewährleisten.

Durch kleine Korrekturen am Bremszug ist eine Feineinstellung möglich: Wenn Sie die Einstellschraube des Bremshebels nach dem Lösen der Kontermutter herausdrehen, verkürzt sich der Leerweg und umgekehrt. Abschließend ziehen Sie die Kontermutter von Hand wieder fest und sichern auf diese Weise die Einstellung.

Tipp

Ziehen Sie nach jeder Einstellung den Bremshebel mit voller Kraft zu, um zu überprüfen, ob alle Klemmungen, sowohl die der Züge als auch die der Bremsklötze, fest genug angezogen worden sind und sich nicht verstellen.

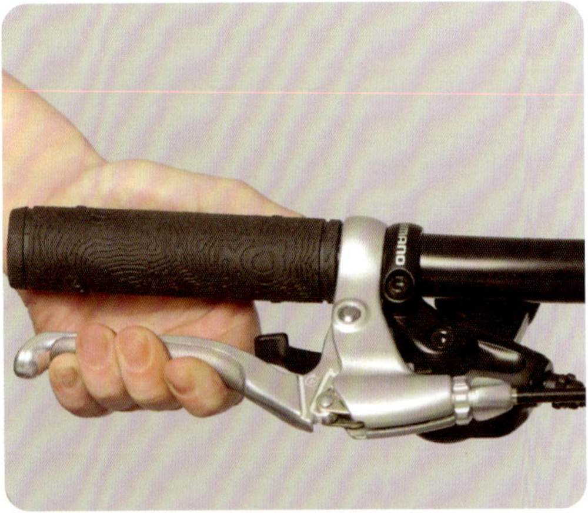

Die Bremsgelenke einer V-Brake in Gang bringen

Schwergängige Bremsgelenke Ihrer V-Brake bekommen Sie auf dieselbe Weise zum Funktionieren wie die einer Cantilever-Bremse (siehe Seite 61).

Die Bremsbeläge einer V-Brake wechseln

Lösen Sie die Halteschraube des Bremsgummis mit einem 5-mm-Inbus-Schlüssel und achten Sie dabei genau auf die Reihenfolge und Ausrichtung der inneren und äußeren Beilagscheiben ①.

Der Einbau funktioniert genau umgekehrt. Sie fädeln die Beilagscheiben in der richtigen Ausrichtung und Reihenfolge auf die Schraube und führen sie in den Gummi ein. Dann richten Sie den Gummi so aus, dass er auf ganzer Länge und Höhe auf die Felge trifft ② und ziehen anschließend die Schraube provisorisch an.

Info

Wann ist ein Bremsbelag verschlissen?

Wenn die Abnutzung eines Bremsklotzes so weit vorangeschritten ist, dass die Profilrillen kaum noch sichtbar sind, ist es höchste Zeit für einen Wechsel. Das gilt genauso für Beläge, die nicht vollständig auf der Felge auflagen und an deren Unterkante sich deshalb ein hässlicher Grat gebildet hat. Zuletzt kann ein Bremsgummi zwar äußerlich intakt sein, aber aufgrund seines fortgeschrittenen Alters bereits so hart, dass seine Bremswirkung deutlich nachgelassen hat.

Die Bremsbeläge einer V-Brake einstellen

Die richtige Ausrichtung der Bremsbeläge einer V-Brake entspricht von oben gesehen der einer Cantilever-Bremse, also V-förmig in Fahrtrichtung vorne fast anliegend und hinten etwa 2 mm weiter abstehend. Das erreichen Sie, indem Sie die Befestigungsschraube leicht lösen, mit der einen Hand den Belag ausrichten und mit der anderen die Befestigungsschraube wieder anziehen. Wenn beide Seiten eingestellt sind, ziehen Sie die Befestigungsschrauben fest.

Eine V-Brake symmetrisch stellen

V-Brakes haben zur Federvorspannung Schräubchen auf beiden Seiten (Foto links). Deren Funktionsweise ist identisch mit derjenigen der Cantilever-Bremse (Seite 65).

Die Bremsgelenke einer Bügelbremse in Gang bringen

Sprühen Sie Fettspray auf den Drehpunkt der zentralen Bremsbefestigungsschraube (Foto unten) und betätigen Sie dabei die Bremse immer wieder, damit das Fett leichter an die Lagerstelle wandern kann.

Die Bremsbeläge einer Bügelbremse wechseln

Lösen Sie die Halteschraube des Bremsgummis mit einem 10-mm-Ringschlüssel oder bei neueren Modellen mit einem 5-mm-Inbus-Schlüssel.

Nehmen Sie den verbrauchten Bremsklotz heraus und setzen Sie den neuen ein. Schrauben Sie nun den Belag in einer Stellung fest, in der er die Felge auf ganzer Länge und Höhe trifft.

Eine Bügelbremse symmetrisch stellen

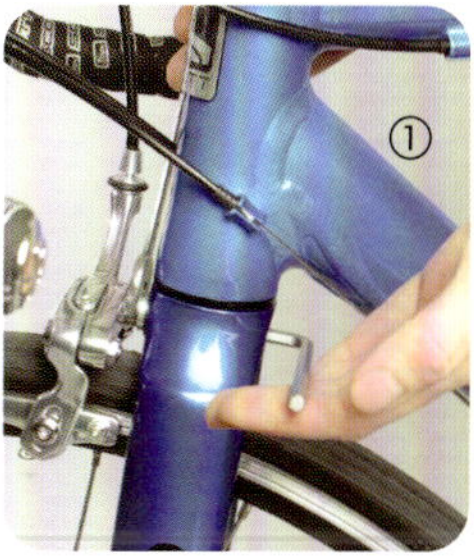

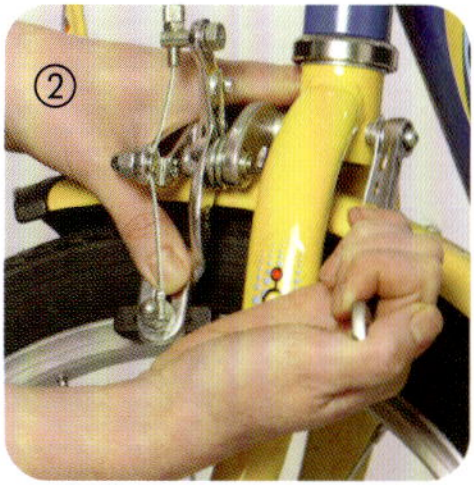

Höherwertige Modelle haben an der zentralen Bremsbefestigungsschraube eine Schlüsselfläche (zwischen den Bremsarmen und der Gabel beim Vorderrad oder Rahmenstrebe beim Hinterrad), auf die Sie einen 10 oder 12 mm großen Gabelschlüssel ansetzen ①. Damit drehen Sie nun die Bremse so weit um die Befestigungsachse, dass beide Bremsbacken denselben Abstand zur Felge haben.

Falls Sie die Bremse nicht mit dem Schlüssel bewegen können, dann lösen Sie die Mutter auf der Gabelrückseite oder der Rahmenvorderseite ein wenig und ziehen sie nach dem Symmetrieren wieder an.

Bei preisgünstigeren Modellen fehlt die Schlüsselfläche. In diesem Fall lösen Sie die Befestigungsmutter etwas, halten dann die Bremse mit der Hand in symmetrischer Position fest ② und ziehen danach die Mutter wieder fest an.

Zur Kontrolle betätigen Sie die Bremse mehrmals und überprüfen das Ergebnis. Wenn sie immer noch asymmetrisch sein sollte, wiederholen Sie den Vorgang.

Bremsbeläge einer Scheibenbremse wechseln

Die Beläge von Scheibenbremsen verschleißen nur minimal. Es gibt eine große Typenvielfalt, die auf unterschiedliche Art und Weise zu wechseln wäre. Vor dem Hintergrund dieser Erkenntnis verzichte ich an dieser Stelle auf eine Beschreibung. Wenn tatsächlich einmal ein Wechsel der Beläge notwendig sein sollte, lassen Sie sich im Fachhandel beraten.

Eine Scheibenbremse einstellen

Hydraulisch betätigte Scheibenbremsen (siehe Foto links) stellen sich von selbst nach. Im Falle schlechter Bremswirkung untersuchen Sie die Apparatur auf ausgetretene Flüssigkeit. Mögliche undichte Stellen sind der Flüssigkeitsbehälter am Bremshebel, die Anschlüsse der Bremsleitungen oder durchgescheuerte Leitungen selbst, vor allem dort, wo das Rad an der Leitung vorbeiläuft. Aufgrund der Vielfalt der Modelle, Komponenten und verwendeten Flüssigkeiten ist nach dem Entdecken eines Lecks der Gang zum Fahrradhändler unbedingt empfehlenswert.

Eine schleifende Scheibenbremse zentrieren

Wenn Ihre Scheibenbremse stets auf einer Seite schleift, lösen Sie die zwei Befestigungsschrauben des Bremssattels (siehe Foto links) am Rahmen etwas.

Diese Schrauben sind mit speziellen Sicherungen – Drähten oder Kappen – versehen, die Sie vorher entfernen und nach dem Justieren unbedingt wieder anbringen müssen.

Ziehen Sie dann die Bremse voll zu und anschließend, bei gezogen gehaltener Bremse, die beiden Schrauben wieder an. Nun sollte die Bremse zentriert sein. Bei einigen Modellen gibt es nur eine, meist rot markierte Einstellmutter, die sich von Hand bewegen und mit der sich die Bremse zentrieren lässt.

Scheibenbremse mit Seilzug

Wenn der Leerweg am Bremshebel zu groß ist, verstellen Sie ihn durch Drehen der dort angebrachten Schraube ①. Sollte danach der Verstellweg noch immer nicht ausreichen, dann kommen Sie nicht umhin, den Zug neu einzuklemmen.

Dazu drehen Sie zuerst die Einstellschraube am Bremshebel hinein, anschließend etwa zwei Umdrehungen wieder heraus. Lösen Sie nun die Klemmschraube an der Bremse etwas, ziehen Sie den Zug von Hand oder mit einer Flachzange stramm ② und fixieren Sie die Klemmung. Für das Feintuning sorgen Sie an der bremshebelseitigen Einstellschraube. Sie steht dann richtig, wenn der Bremshebel auf dem ersten Viertel leer zieht und bei vollem Zug maximal drei Viertel des Weges zurücklegen kann, das letzte Viertel bleibt also als Reserve.

Trommelbremsen warten und einstellen

Wenn Ihre Trommelbremse nicht genügend Bremswirkung entfaltet, überprüfen Sie zunächst den Bremszug auf Ausfransungen und Knicke, wie auf Seite 76 beschrieben. Einen defekten Bremszug wechseln Sie aus (siehe Seite 77). Noch intakte Züge reinigen Sie auf alle Fälle mitsamt den Außenhüllen.
Um die Spannung des Seilzuges einer Trommelbremse richtig einzustellen, verfahren Sie, wie bei anderen Bremssystemen bereits beschrieben (siehe Seite 66).

Um den Reibungswiderstand zu verringern und so die Bremskraft zu erhöhen, sprühen Sie etwas Fettspray an die Stelle, wo die Achse des Bremshebels in die Bremstrommel eintritt (siehe Foto links), und betätigen dabei die Bremse mehrfach, sodass das Fett leichter an die Lagerstelle kriechen kann. Falls alle diese Maßnahmen keinen Erfolg bringen, muss die Trommelbremse womöglich neu eingestellt, auf alle Fälle aber überprüft werden. Das ist eine Aufgabe für den Profi. Scheuen Sie also nicht den Gang zum Fahrradhändler Ihres Vertrauens.

Bremsbeläge einer hydraulischen Felgenbremse wechseln

Vorbereitung: Hydraulische Felgenbremsen haben im Bremsgriff auf der äußeren Seite eine Einstellschraube ①, mit der man den Abstand der Bremsgummis zur Felge variieren kann. Diese Schraube drehen Sie mit einem 4-mm-Inbus-Schlüssel bis zum Anschlag heraus. Klappen Sie zum Öffnen der Befestigung den Schnellspanner nach unten. Nun können Sie einen Bremskolben aus der Halterung nehmen ②. Ziehen Sie den verbrauchten Bremsgummi ab und klammern Sie den neuen in der Vorrichtung fest.
Um den Belag auf der anderen Seite nach demselben Prinzip zu wechseln, können Sie entweder das Rad ausbauen oder die Befestigungsschraube des zweiten Bremskolbens mit einem

5-mm-Inbus-Schlüssel herausschrauben, um anschließend den Kolben vom Rahmen abzunehmen ③. Zum Wiedereinbau achten Sie darauf, dass sich der Bremskolben an derselben Stelle wie zuvor befindet. Dabei können Sie sich helfen, indem Sie vor dem Lösen der Schraube deren Position mit einem Filzstift umkreisen.

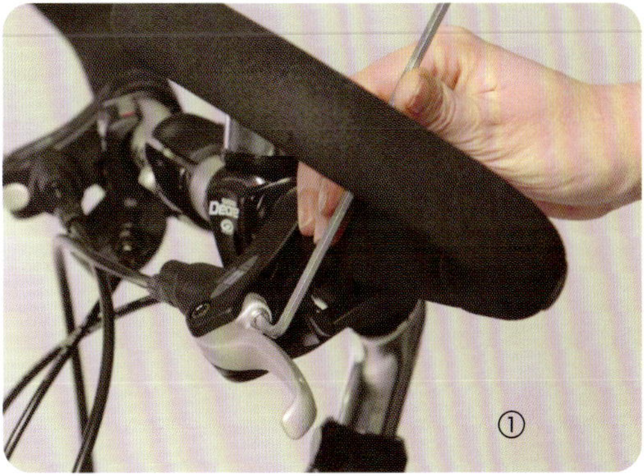

①

②

③

Eine hydraulische Felgenbremse symmetrisch stellen

Eine korrekt eingebaute hydraulische Bremse ist symmetrisch ausgerichtet. Das gilt auch nach dem Wechseln der Bremsbeläge.

Wenn die Felge schief zur Bremse steht, sollten Sie zunächst einmal kontrollieren, ob das Rad gerade eingebaut ist.

Prüfen Sie dazu, ob die Radachse fest im Rahmen sitzt. Wenn sie lose ist, ziehen Sie sie fest. Eine ausführliche Beschreibung des Radein- und -ausbaus finden Sie ab Seite 20.

Bei schief eingebautem Rad lösen Sie den Schnellspanner oder die Achsmuttern ein wenig und drücken die Achse bis zum Anschlag in ihre Aufnahme hinein.

Wenn Ihre hydraulische Felgenbremse wider Erwarten falsch eingestellt ist, lösen Sie eine oberhalb des Kolbens befindliche Schraube mit einem 4-mm-Inbus-Schlüssel (siehe Foto unten). Nun können Sie den Kolben sowohl verdrehen als auch zur Felge hin oder von ihr weg verschieben. Wenn Sie die symmetrische Einstellung gefunden haben, drehen Sie die Schraube über dem Kolben wieder zu. Achten Sie dabei darauf, den Kolben so zu drehen, dass der Bremsbelag vollständig auf der Felge aufliegen kann.

Den Leerweg des Bremshebels einer hydraulischen Felgenbremse einstellen

Das Prinzip entspricht dem der seilzugbetätigten Bremsen: Das erste Viertel des Weges ist Leerweg. Bei vollem Zug sollte das letzte Viertel der Strecke als Sicherheitsreserve zur Verfügung stehen.
Zum Einstellen verwenden Sie die Einstellschraube im Bremsgriff. Hineinschrauben bewegt die Beläge zur Felge hin, der Leerweg am Griff verringert sich und umgekehrt.

Bremszüge warten oder austauschen

Während manches im Leben am seidenen Faden hängt, kann man sich als ambitionierter Radler darauf verlassen, dass Bremszüge aus hochwertigem Material gefertigt sind und allerlei Belastungen aushalten. Mit der Zeit jedoch können selbst die besten Stoffe verschmutzen oder ermüden. Dann sind die nun folgenden Tipps wertvoll.

Schwergängige Bremszüge behandeln

Vorbereitung: Hängen Sie den Bremszug je nach Bremstyp auf der Bremsseite aus – eine ausführliche Anleitung dazu finden Sie im Kapitel „Die Bremse öffnen“ auf Seite 20.
Wenn sich der Bremszug Ihrer Bremse nicht ohne Werkzeug entspannen lässt – beispielweise an einem Vorderrad mit einer alten Bügelbremse – oder der Innenzug auf ganzer Länge mit einer Außenhülle umgeben ist, führt am Lösen der Zugklemmung an der Bremse nichts vorbei. Dazu ziehen Sie

eventuelle Ausfransschutzhülsen mit der Zange ab ① und schrauben dann die Klemmschraube mit einem 10-mm-Ringschlüssel (seltener 8 mm) oder einem 5-mm-Inbus-Schlüssel auf. Zuletzt ziehen Sie den Zug durch die Hüllen.
Hängen Sie nun den Zug am Bremshebel aus. Dazu lösen Sie die Kontermutter. Sie werden feststellen, dass sowohl die Kontermutter als auch die Einstellschraube einen Längsschlitz haben. Diese beiden Schlitze stellen Sie übereinander und bringen sie mit dem Schlitz am Bremshebel überein ②. Jetzt können Sie die Außenhülle aus der Einstellschraube herausziehen und anschließend den Zug nach vorne aus dem Bremshebel herausnehmen.
Nachdem Sie den Innenzug ausgebaut haben, untersuchen Sie ihn auf kompletter Länge nach Knick- oder ausgefransten Stellen ③. Wenn Sie solche Beschädigungen finden, erneuern Sie den Zug, wie auf Seite 77 beschrieben.
Einen intakten Zug reinigen Sie zumindest, und zwar mit Drahtbürste, Schmirgelpapier und Lappen. Ölen oder Fetten vermeiden Sie bitte, denn in den Außenhüllen ist eine Teflonschicht eingearbeitet, die unter Öl und Fett leiden würde. Zudem ist Teflon ohnehin sehr gleitfähig. Wenn die aktuell verwendete Außenhülle noch keine Teflonschicht hat, dann ersetzen Sie sie auf alle Fälle durch eine moderne Version.
Oft ist es auch hilfreich, die Außenhülle auf dem Innenzug mehrmals hin- und herzuschieben, um auf diese Weise eingedrungenen Schmutz hinauszubefördern. Nach erfolgreicher Behandlung sollten die Außenzüge ohne Widerstand auf den Innenzügen gleiten.

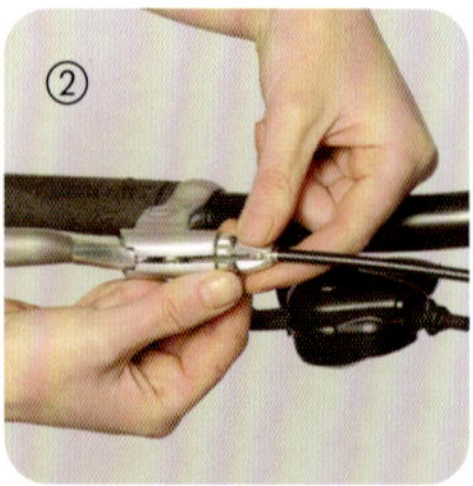

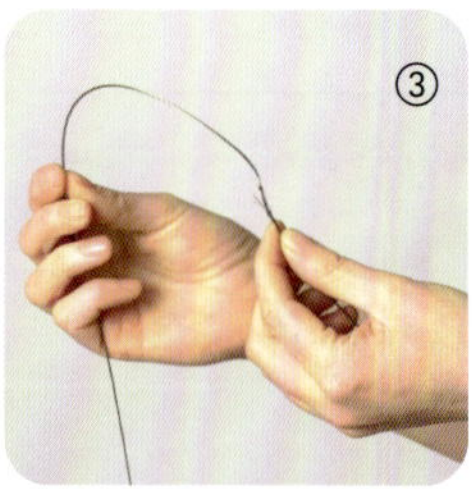

Bremszüge austauschen

Es gibt Universalbremszüge, die auf der einen Seite einen Nippel für fast alle Bremstypen haben und auf der anderen Seite einen für Rennräder.

Schneiden Sie den Nippel, den sie nicht benötigen, mit einem sehr guten Seitenschneider ab, und zwar ohne Fransenbildung! Fädeln Sie das freie Ende durch den Bremshebel, dann in und durch die Außenhülle(n) bis in die Klemmschraube der Bremse ①.

Bei der Cantilever-Bremse gilt es folgende Besonderheit zu beachten: Fädeln Sie den Zug durch den Zugteiler und führen Sie ihn anschließend in die Klemmung der Bremse ein.

Bevor Sie den Bremszug straff ziehen und festklemmen, drehen Sie die Einstellschraube(n) am Bremshebel ② und am

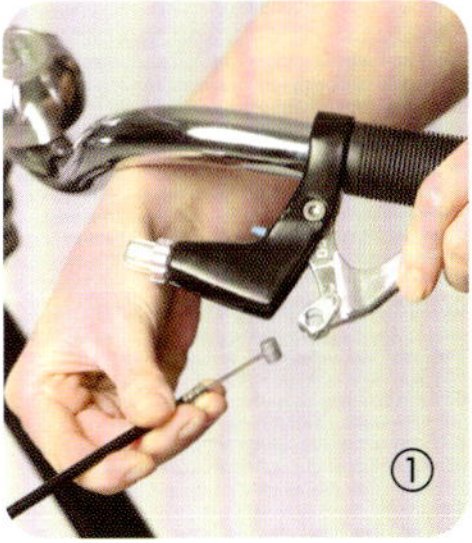
①

②

MultiTrack
TREK

Bremsarm ganz hinein und zwei Umdrehungen wieder heraus. Dann drücken Sie mit einer Hand die Bremsen gegen die Felge, mit der anderen ziehen Sie den Bremszug straff und drehen anschließend die Klemmschraube zu.
Das überstehende Ende des Zuges schneiden Sie mit einem Seitenschneider ab und stecken darauf eine Schutzhülse, die Sie mit einer Zange festquetschen.
Besonderheit Cantilever-Bremse mit Zugteiler mit Klemmschraube: Ziehen Sie die Klemmschraube am Bremsarm nur provisorisch an, und zwar so, dass sie den Zug gerade so festhält, und zentrieren Sie dann den Zugteiler durch Verschieben über dem Rad. Nun schrauben Sie die darin befindliche Klemmung mit einem 8er- oder 10er-Ringschlüssel zu ③. Anschließend korrigieren Sie die möglicherweise veränderte Zugspannung nach – durch stärkeres Spannen oder Entspannen – und ziehen dann die Klemmschraube am Bremsarm fest zu. Es kann auch notwendig sein, die Symmetrie der Bremse, wie auf Seite 65 beschrieben, nachzukorrigieren. Die Spannung des Bremszuges korrigieren Sie an den Einstellschrauben, wie weiter vorne auf Seite 66 bereits ausführlich beschrieben.

③

Neue Außenhüllen

Beschädigte Außenhüllen – geknickte und/oder durchgescheuerte – tauschen Sie mitsamt dem Innenzug aus. Wie das funktioniert und was Sie dabei beachten müssen, lesen Sie im Kapitel „Die Schaltung einstellen“ unter der Überschrift „Außenhüllen wechseln“ auf Seite 48.

DEORE XT
HB-M730

Die Lichtanlage reparieren

„Mehr Licht!" verlangte nicht nur der alte Goethe auf seinem Sterbebett. Je heller, desto besser gilt auch für die Lichtanlagen von Fahrrädern. Dabei ist – fast wie im richtigen Leben – gesehen werden sogar noch wichtiger als sehen. Denn kaum bricht die Dämmerung herein, werden alle Radler grau – und damit fast unsichtbar. Um dennoch vom Rest der Welt wahrgenommen zu werden, müssen Lampen nicht nur vorhanden sein, sondern auch leuchten. Und das gelingt, wenn vom Dynamo über das Kabel bis zum Glühbirnchen alles in Ordnung ist.

Kabel, Lampe, Dynamo

In diesem Buch geht es an dieser Stelle allein um fest montierte Lichtanlagen, deren mögliche Defekte und wie sie zu beheben sind. Auf Batterieleuchten aller Art, die vor allem auf sportlich angehauchten Rädern weit verbreitet sind, gehe ich nicht ein, denn das würde bedeuten, einen Exkurs ins Reich der Taschenlampen zu unternehmen. Das ist nicht abschätzig gemeint, aber der Bereich der batteriebetriebenen Lampen ist so groß und vielfältig und vor allem in der präsentierten Qualität so unterschiedlich, dass es den Rahmen des Buches sprengen würde, darauf näher einzugehen.

Wenn die Lampe dunkel bleibt

Sie schalten Ihr Fahrradlicht ein – und es passiert nichts. Das kann verschiedene Gründe haben:

- Das Birnchen steckt zu locker in der Fassung.
- Das Birnchen ist defekt.
- Das Kabel steckt nicht in den Kontakten.
- Das Kabel ist äußerlich intakt, innerlich gebrochen.
- Das Kabel ist korrodiert.
- Das Kabel ist gerissen.
- Die Halterung des Seitendynamos ist locker und der Dynamo drückt nicht mehr genug auf den Reifen.
- Der Dynamo rutscht durch.
- Der Dynamo ist defekt – was im Übrigen selten vorkommt.

Werkzeuge in Reihenfolge:

Isolierband, Kabelbinder
Kombi-Zange
Kreuzschlitz-Schraubendreher
10-mm-Ring- oder Gabelschlüssel
Fahrradöl oder Sprühfett

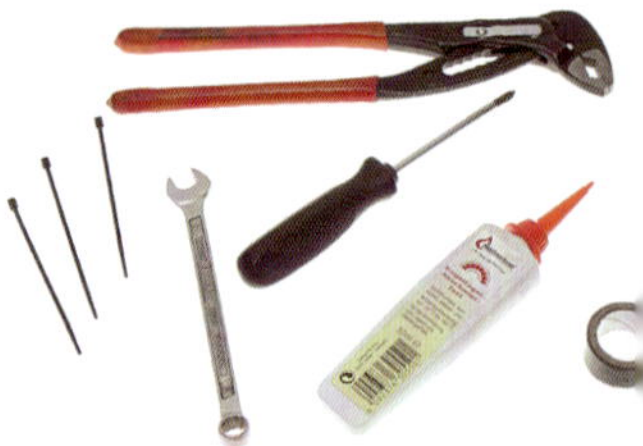

Der Ursache auf den Fersen

Um das Problem einzukreisen und schließlich an dessen Ursache heranzukommen, beginnen Sie mit dem Überprüfen der Kabel und geben sich dabei Antworten auf folgende Fragen:

- Sind die Kontakte zum Dynamo ①, zum Scheinwerfer und zum Rücklicht hergestellt?

In modernen, stromführenden Schutzblechen sind Leiter integriert. An der Außenseite des Bleches enden sie mit einem knopfähnlichen Kontakt, der das weiterführende Kabel aufnimmt ②. Kontrollieren Sie auch alle Kontakte dieser Art, ob die Verbindung fest ist.

- Sind die Kabel intakt?

Wo das Kabel bewegt wird ③, also zwischen Gabel und Rahmen, zwischen Dynamo und Rahmen, entlang der empfindlichen Partie, wo das Rücklichtkabel nahe am Reifen und den Pedalen entlangläuft und am Übergang vom Rahmen zum Schutzblech sind typische Stellen, wo Stromkabel von Fahrrad-Lichtanlagen den größten Belastungen ausgesetzt sind und zuerst Schaden nehmen können.

- Sind die Kabelenden einwandfrei?

Schauen Sie nach, ob blanke Kabelenden, beispielsweise die am Dynamo, kupferfarben und nicht grün oder schwarz korrodiert sind.

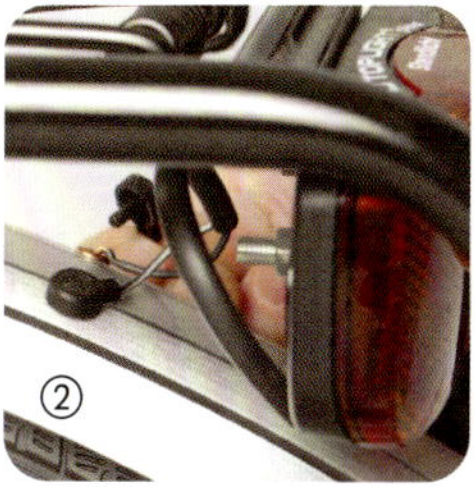

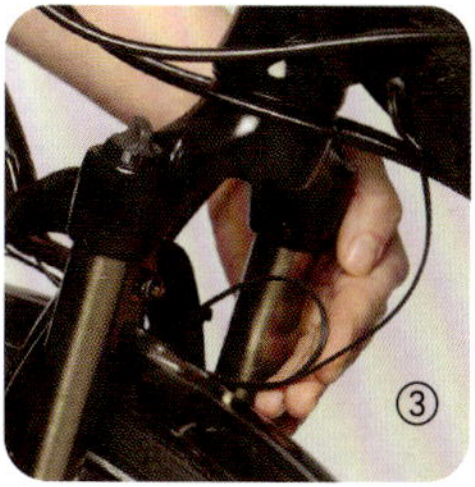

Das Kabel reparieren

Wenn ein Kabel gerissen ist, gehen Sie in drei Schritten vor:

① Ritzen Sie an beiden zu verbindenden Kabeln die Isolierung etwa 1 cm vom Ende entfernt rundum – vorsichtig! – ein, ziehen Sie den Kunststoff ab und legen Sie so die Kupferdrähte frei.

② Legen Sie die beiden blanken Enden aneinander, verdrehen Sie sie miteinander und umwickeln Sie sie fest mit Isolierband.

③ Fixieren Sie das reparierte Kabel mit Kabelbinder oder Isolierband so am Rahmen, dass kein Zug auf den Drähten entsteht, vor allem nicht auf der Reparaturstelle.

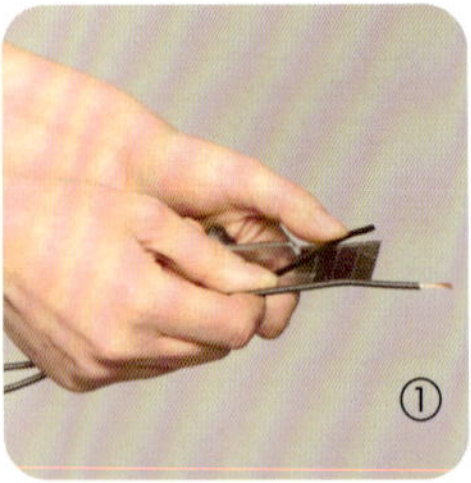

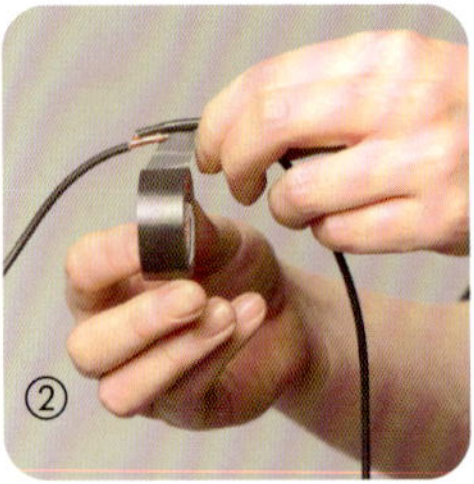

Tipp

Kabelbinder sind ein probates Hilfsmittel, um das Kabel am Rahmen zu fixieren, weil sie dauerhaft halten und so stramm gezogen werden können, dass es an seiner Position bleibt und nicht zwischen den einzelnen Klemmstellen durchhängen kann.

Die nächsthöhere Stufe des Kabelreparierens erreichen Sie mit einem so genannten Quetsch-Verbinder. In ihn führen Sie die abisolierten Kabelenden ein und quetschen ihn mit einer Zange zusammen ①. Anschließend fixieren Sie das Kabel mit Kabelbinder am Rahmen, wie unter 3. beschrieben. Wenn das Kabel irreparabel zerfetzt ist oder so kurz, dass die beiden Enden nicht mehr verbunden werden können, tauschen Sie es aus. Kabel haben üblicherweise auf einer Seite einen Stecker, der in die Lampe eingeführt wird ②. Am Dynamo gibt es verschiedene Vorrichtungen, die den Kupferdraht am anderen Ende aufnehmen und leitend verbinden.

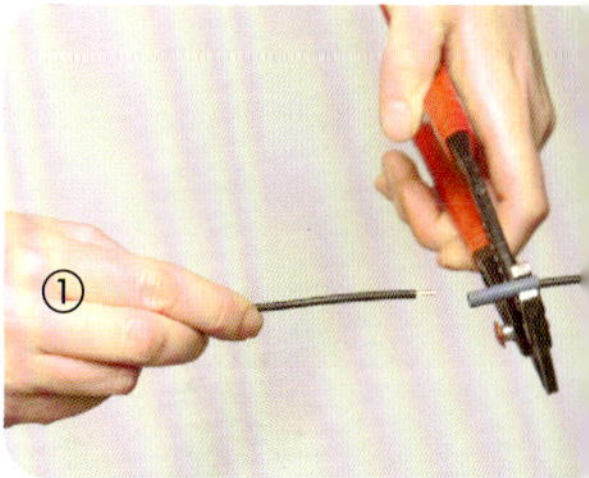

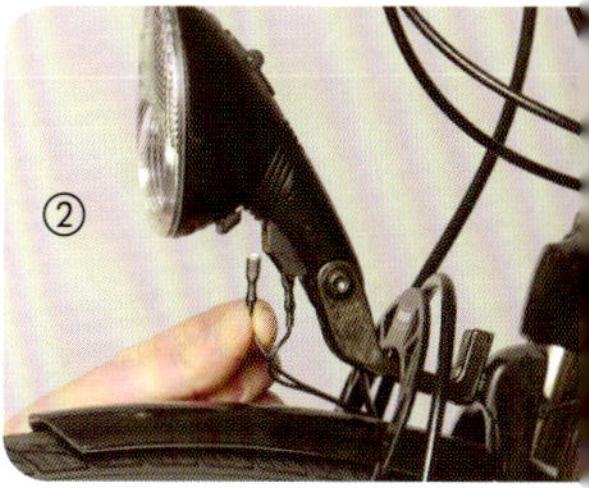

Die Glühbirne ersetzen

Um an das Birnchen in der Vorderlampe heranzukommen, gibt es einen üblichen Weg: Drehen Sie eine kleine, meist Kreuzschlitz-Schraube – sie ist oben oder unten am Lampensockel angebracht – ganz auf ① und nehmen Sie sie heraus.

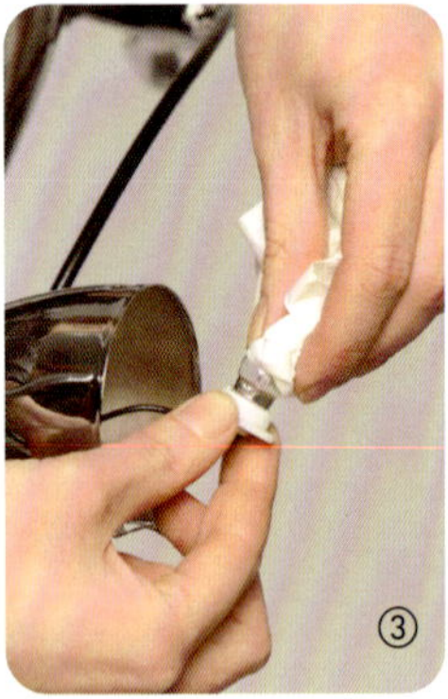

Dann drehen Sie den Reflektor, wenn Sie davor stehen, um etwa eine Viertel Umdrehung nach links und ziehen ihn heraus ②. Ein Halogenbirnchen ist in die Fassung gesteckt und wird mit einer Feder gehalten. Nach dem Abnehmen des Reflektors fällt es praktisch heraus. In älteren Modellen ist das Birnchen per Gewinde fixiert. Wichtig: Prüfen Sie bei einem eingeschraubten Birnchen zunächst einmal, ob es fest im Gewinde sitzt ③.

Das Rücklichtglas ist nur mit Kunststoffklammern gesichert, die Sie zum Abnehmen etwas aufbiegen. Das Rücklichtbirnchen ist grundsätzlich eingeschraubt.

Im Falle eines Defekts an einer als Rücklicht verwendeten modernen Diodenleuchte ④ gibt es für Sie nichts zu tun, außer das gesamte Rücklicht auszutauschen.

Den Dynamo warten

Es gibt vier gebräuchliche Modelle:
Inzwischen am seltensten kommt der Walzendynamo vor, der unter dem Tretlager montiert ist (Foto unten) und nach dem Einschalten von der Lauffläche des Rades angetrieben wird. Etwas häufiger werden Speichendynamos verwendet, die auf der Radachse befestigt sind und sich mithilfe einer Nase, die in die Speichen geklappt werden kann, ein- und ausschalten lassen.

Info

Lag es am Birnchen?
Wenn der Glühwendel zerrissen ist: *ja.*
Wenn der Glaskolben schwarz oder silbrig ist: *ja.*
Wenn Sie mit einem Finger gegen den Kolben schnippen und sehen, dass der Wendel wackelt: *ja.*
Wenn diese Diagnosetechniken zu keinem Ergebnis führen, machen Sie den Gegentest mit einem neuen Birnchen. Wenn das neue Birnchen leuchtet, dann ist das alte defekt.
Wenn auch das neue Birnchen nicht leuchtet, liegt es an den Kontakten, am Kabel oder am Dynamo selbst.

In den vergangenen Jahren erfreute sich der Nabendynamo (Foto links) steigender Beliebtheit. Er ist in die Vorderradnabe eingebaut und wird mit einem Schalter, der meistens im Scheinwerfer integriert ist, ein- und ausgeschaltet. Besondere Kennzeichen: weitgehend wartungsfrei und so gut wie nicht anfällig für irgendwelche Defekte – was im Übrigen auch auf den Walzen- und den Speichendynamo zutrifft.
Der Seitendynamo gehört zu den anfälligeren Gesellen, und zwar aufgrund seiner exponierten Lage an der Gabel oder den Sitzstreben. Ursachen von Schwierigkeiten können auch seine nicht immer idealen Befestigungen und/oder das Gelenk zum Auf- und Zuklappen sein.

- Achten Sie darauf, dass Ihr Seitendynamo möglichst parallel zum Reifen läuft. Dazu ist es außerordentlich wichtig, dass die Befestigungsschraube (10-mm-Schlüssel) sehr fest sitzt. Sonst kann es passieren, dass der Dynamo sogar in die Speichen gerät.
- Wenn der Seitendynamo am Reifen durchrutscht, biegen Sie seine Halterung so, dass er in Ruheposition höchstens einen halben Fingerbreit vom Reifen entfernt ist (Foto).
- In hartnäckigeren Fällen kann es daran liegen, dass der Federmechanismus, der den Dynamo an die Reifenflanke drückt, schwergängig ist oder die Feder nicht mehr genug Spannung hat. Dann stellen Sie das Fahrrad auf Sattel und Lenker, ölen das Gelenk mit Fahrradöl oder Sprühfett und lösen dabei den Klappmechanismus mehrfach nacheinander aus.
- Wenn das Reibrad immer noch durchrutscht, ist es verschlissen. Für diesen Fall hält der Handel einen Gummiring mit viel Profil parat, den Sie über das Reibrad ziehen.

Einen defekten Dynamo tauschen Sie aus oder Sie lassen ihn beim Fahrradhändler erneuern.

Ein Rad zentrieren und Speichen ersetzen

Am schlimmsten sind die Sprüche: „Wer sein Fahrrad liebt, der schiebt!“ Ungebetene Anteilnahme ist demjenigen sicher, der seinen Drahtesel nach einem kapitalen Rempler zu Fuß nach Hause begleitet. Ein Rad hat einen Schlag abbekommen und trägt nun seine Verletzung für jeden sichtbar zur Schau. Es „eiert“, wie der Volksmund sagt, oder: Im Rad ist ein Achter. Seitenschlag wiederum diagnostizieren Experten bei einem Laufrad, das den geraden Pfad der Tugend verlassen hat. Mit ein wenig Geschick und Geduld lässt sich aber auch dieses Problem beheben.

Von Speichen, Naben und Nippeln

Werkzeuge in Reihenfolge:

Speichenspanner/
Nippelspanner
Fahrradöl/Kriechöl
Isolierband

Eines Ihrer Räder hat unverkennbar einen Seitenschlag. Es tanzt in Form einer nicht enden wollenden 8 munter zwischen den Bremsbacken hin und her und berührt sie sogar. Was ist nun zu tun?

Prüfen Sie zunächst einmal, ob eine oder mehrere Speichen gerissen sind, und zwar am besten direkt an der Radnabe.

Gerissene Speichen ersetzen

Ihre Prüfung hat ergeben: Eine oder mehrere Speichen sind defekt. Bevor Sie sie ersetzen können, müssen Sie sie mit der Hand aus dem Speichennippel herausschrauben ① und sie danach an der Nabe herausziehen.

Falls Sie keine passenden Ersatzspeichen zur Hand haben – und mal ehrlich: Wer hat schon passende Speichen auf Lager? –, verwenden Sie eine der herausgeschraubten Speichen als Muster, um beim Fahrradhändler in der notwendigen Anzahl exakt gleich lange und gleich dicke Speichen zu erwerben.

Neue Speichen ziehen Sie an der Nabe ein, und zwar von der richtigen Seite her, also von innen oder außen ②. Das liest sich hier wie eine etwas schwammige Anweisung, hat aber damit zu tun, dass Speichen immer abwechselnd von innen oder außen eingefädelt werden. Und dazu kommt: Sie müs-

sen auch auf der richtigen Seite an ihren „Kolleginnen“ vorbeigeführt werden.
Diese „richtige Seite“ finden Sie, wenn Sie an der Felge vier Speichen weiterzählen. Die Speiche dort ist bereits – oder noch immer – so eingebaut, wie die zu ersetzende eingefädelt werden muss, und dient Ihnen als Vorbild. Nach dem Einfädeln schrauben Sie die neue Speiche an der Felge in den Speichennippel ein ③. Dazu verwenden Sie einen Speichenspanner, auch Nippelspanner oder Nippelschlüssel genannt.

Info

Speichenspanner
Davon gibt es verschiedene Größen, von denen man in der Regel aber immer nur eine braucht, die für alle Mountain-Bikes, Trekking-Räder und Touren-Räder passt.

Problemzone Hinterrad

Der Einbau neuer Speichen ist am Hinterrad wesentlich schwieriger. Zunächst einmal sind hier die Speichen rechts und links unterschiedlich lang. Außerdem müssten Sie auf der rechten Seite den Zahnkranz abmontieren. Dafür ist Spezialwerkzeug notwendig und außerdem ein gerüttelt Maß an Erfahrung. Klare Empfehlung: ein Fall für den Profi.

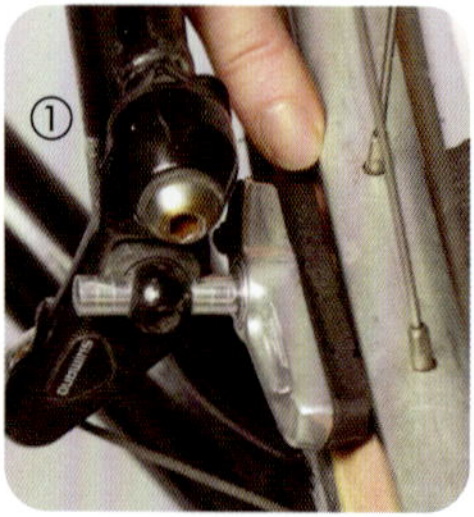

Das Rad zentrieren

Nachdem Sie die Speichen eingeschraubt haben, ist es nun an der Zeit, den Seitenschlag bis auf null zu minimieren – das Rad wird zentriert, sagen die Fachleute dazu.
Zur Vorbereitung ist es vor allem bei älteren Rädern sinnvoll, ein Tröpfchen Fahrradöl oder Kriechöl auf das Speichengewinde zu geben. Dasselbe gilt für die Stelle, wo der Nippel in die Felge eintritt. Dazu stellen Sie das Fahrrad auf Sattel und Lenker, damit Sie das Rad frei drehen können.
Machen Sie nun den Test: Drehen Sie das Rad langsam, und schauen Sie währenddessen auf den Spalt zwischen der Felge und den Bremsklötzen ①. So können Sie ermitteln, wo und zu welcher Seite die Felge aus der Mitte abweicht.

Tipp

Markieren Sie die erste und letzte Speiche im Verlauf der Delle mit Klebeband. Auf diese Weise stecken Sie Ihren Arbeitsbereich klar ab und können sich stets perfekt orientieren.

Diagnose und Behandlung

Wenn das Rad beispielsweise nach rechts ausschlägt, spannen Sie die Speichen, die zur linken Nabenseite führen, und entspannen die, die zur rechten Nabenseite führen – und umgekehrt. Dabei beginnen Sie immer in der Mitte der Delle, indem Sie die Speichennippel etwa eine halbe Umdrehung auf- oder aber zuschrauben.

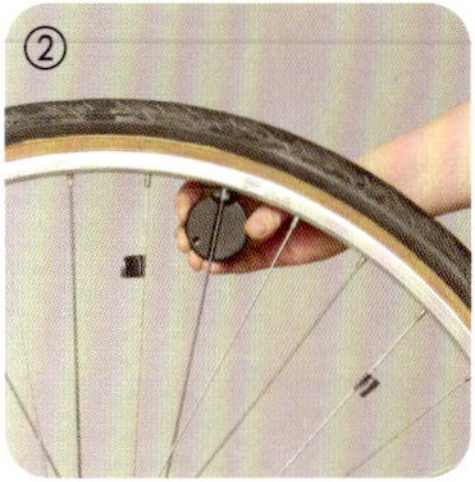

Sie fangen also mit der mittleren Speiche an und spannen oder entspannen sie um eine halbe Umdrehung; die beiden „flankierenden" Speichen behandeln Sie entsprechend umgekehrt ②. Unmittelbar darauf testen Sie, wie viel Erfolg diese Maßnahme bereits gebracht hat.

Im nächsten Schritt spannen oder entspannen Sie die mittlere Speiche, die beiden nächsten und die jeweils übernächsten. Dann testen Sie wieder.

Wenn Sie an den zuvor markierten Endspeichen angekommen sind ③, aber das Rad noch immer ausschlägt, fangen Sie wieder in der Mitte mit der nächsten halben Umdrehung an und setzen die Prozedur so lange fort, bis kein Ausschlag mehr erkennbar ist.

Die Feineinstellung

Zum Feintuning können Sie die Bremsklötze, wie auf den Seiten 94 beschrieben, noch dichter zu den Felgen stellen, um auf diese Weise auch kleinste Ausschläge erkennen zu können.

Wenn Ihr Rad keine Felgenbremse hat, verwenden Sie eine Hilfskonstruktion. Das kann beispielsweise eine Schelle sein, wie sie als Dynamohalter verwendet wird. Sie schrauben sie an den Rahmen oder die Gabel und biegen sie so nahe an die Felge heran ④, dass Sie einen eventuellen Ausschlag sofort erkennen können.

ISBN: 978-3-8094-3290-6

1. Auflage

Das Buch erschien erstmals 2006 unter dem Titel Fahrradreparaturen bei Südwest Verlag, einem Unternehmen der Verlagsgruppe Random House GmbH, 81673 München

Fotos: Markus Hederer, Mainz
Producing: Markus Hederer, Mainz
Projektleitung dieser Ausgabe: Dr. Iris Hahner
Umschlaggestaltung: Atelier Versen, Bad Aibling

FSC
www.fsc.org
MIX
Papier aus verantwortungsvollen Quellen
FSC® C017997

Verlagsgruppe Random House FSC® N001967
Druck und Bindung: Anpak Printing, Hongkong

Printed in Hongkong

579081600106